CW01628898

Το Κρυφό Όνειρο της Πόπι

Ήμουν έτοιμη ν' ανοίξω την πόρτα των αποδυτηρίων, όταν η Τζασμίν μού ψιθύρισε: «Καλή τύχη, Πόπι».

Μου έκανε σινιάλο με σηκωμένο τον αντίχειρα, και της το ανταπόδωσα. Μετά, απλώσαμε τα χέρια, πιέσαμε τους αντίχειρές μας και κλείσαμε τα μάτια. Πάντα το κάνουμε αυτό. Είναι ο μυστικός μας τρόπος να κάνουμε μια ευχή.

«Κάνε, Θεούλη μου, να μας δεχτούν και τις δυο», είπε η Τζασμίν.

Το ίδιο ευχήθηκα κι εγώ, μ' όλη τη δύναμη της ψυχής μου.

Θέλω να γίνω Μπαλαρίνα

Το Κρυφό Όνειρο της Πόπι

Ann Bryant

Μετάφραση
Κατερίνα Παπαδημητρίου

αγκυρα

Ευχαριστώ από καρδιάς τη Βικτόρια Ζαφειροπούλου
–ή απλώς «μις Βικτόρια», την επικεφαλής
του Tenterden Ballet Studio– για την ανεκτίμητη βοήθειά της,
καθώς και για την έμπνευση που μου πρόσφερε
στη δημιουργία του χαρακτήρα της μις Κοραλί.
Επίσης, ευχαριστώ τη Ρουφίνα Χαν για την ευφάνταστη
βοήθειά της, και τη Σάρα Μάθιους, υποδιευθύντρια
της Κεντρικής Σχολής Μπαλέτου, που είχε την ευγενή
καλοσύνη να μας επιτρέψει να παρακολουθήσουμε
μερικά μαθήματα. Και, περισσότερο απ' όλους,
ευχαριστώ τη Μέγκαν Λάρκιν που μ' εμπιστεύτηκε.

Πρώτη έκδοση, 2004, by Usborne Publishing Ltd.
Copyright © 2004 by Ann Bryant

© 2006 ΕΚΔΟΣΕΙΣ «ΑΓΚΥΡΑ»,
Δ.Α. ΠΑΠΑΔΗΜΗΤΡΙΟΥ Α.Β.Ε.Ε.,
για την ελληνική γλώσσα
Λάμπρου Κατσώνη 271 & Γεωργίου Παπανδρέου
Άγιοι Ανάργυροι, Τ.Κ. 13562
Τηλ.: 210 2693800-4, Fax: 210 2693806
e-mail: agyra@agyra.gr • www.agyra.gr

Τίτλος πρωτοτύπου: *Ballerina Dreams / Poppy's Secret Wish*

Επιμέλεια-Διορθώσεις: Νέστορας Χούνος

ISBN: 960-422-339-9

Απαγορεύεται η αναπαραγωγή μέρους ή όλης της έκδοσης, η μεταφορά σε οποιοδήποτε ηλεκτρονικό αποθηκευτικό σύστημα ή αναμετάδοση με οποιασδήποτε μορφής ηλεκτρονικά, μηχανικά, φωτοτυπικά ή άλλα μέσα, χωρίς την προηγούμενη γραπτή άδεια του εκδότη.

1 Πεθαίνοντας από Αγωνία

Γεια σας! Με λένε Πόπι. Είμαι δέκα χρόνων, έχω κόκκινα μαλλιά και φακίδες. Σ' ολόκληρη την τάξη του μπαλέτου, είμαι το μοναδικό κορίτσι με κόκκινα μαλλιά.

Ευτυχώς, όταν τα μαζεύω πίσω και βάζω και την κορδέλα του μπαλέτου, κρύβονται. Μακάρι να μπορούσα να κρύψω και τις φακίδες μου. Τώρα, εδώ που τα λέμε, οι φακίδες είναι το λιγότερο. Άλλο είναι αυτό που με απασχολεί...

«Φαίνεσαι στενοχωρημένη, Πόπι», είπε η μαμά μου κοιτάζοντάς με μέσα απ' τον καθρέφτη του οδηγού.

«Δεν φαίνομαι. *Είμαι* στενοχωρημένη. Σήμερα η μις Κοραλί θα μας πει ποιες θα δώσουν εξετάσεις. Τι θα κάνω αν δεν με διαλέξει;»

Η καρδιά μου χτυπούσε σαν τρελή από αγωνία. Και μόνο που σκεφτόμουνα τη μις Κοραλί, μ' έπιανε τρεμούλα.

«Είμαι βέβαιη πως θα τα πας μια χαρά».

«Εκείνη, όμως, μπορεί να πιστεύει ότι δεν είμαι αρκετά καλή».

«Τότε, υπάρχει πάντα η επόμενη φορά. Δεν χάθηκε δα κι ο κόσμος. Έτσι δεν είναι; Προς τι τόση βιασύνη;»

Η μαμά δεν κατάλαβε.

Μπορεί να ξέρει ότι μου αρέσει το μπαλέτο –μεταξύ μας, το *λατρεύω*– όμως δεν έχει αντιληφθεί πως είναι το πιο σημαντικό πράγμα στη ζωή μου.

Ακόμα, δεν έχει ιδέα πως μέρα-νύχτα ονειρεύομαι να γίνω η καλύτερη στην τάξη μου και να με επιλέξουν για να φοιτήσω σε κανονική σχολή μπαλέτου – μολονότι ξέρω πως αυτό δεν πρόκειται να συμβεί ούτε σε ένα δισεκατομμύριο χρόνια.

Κι ούτε ξέρει πως μερικές φορές εξασκούμαι στο υπνοδωμάτιό μου, την ώρα που υποτίθεται ότι κοιμάμαι του καλού καιρού.

Ξαπλώνω πάνω στο πάπλωμα και τεντώνω τα πόδια μου μέχρι να πονέσουν.

Πόσο θα 'θελα να ήμουν ευλύγιστη σαν την Τάμσιν Γουότερς! Εκείνη μπορεί και κάνει σπαγγάτο με τα πόδια τεντωμένα προς τα μπρος και προς στο πλάι, κι ακόμη μπορεί και ξαπλώνει μπρούμυτα και λυγίζει τα πόδια πίσω από την πλάτη της, μέχρι ν' αγγίξουν τη μύτη της. Μεταξύ μας, της αρέσει λιγάκι να επιδεικνύεται.

Όλες μας ξέρουμε ότι η Τάμσιν θα επιλεγεί σίγουρα για τον διαγωνισμό και θα προαχθεί στην επόμενη τάξη, μαζί με την Τζασμίν.

«Εγώ, όμως, μαμά, θέλω να πάω στην πέμπτη τάξη. Δεν θέλω να μείνω πίσω επειδή δεν είμαι αρκετά καλή».

«Αν δεν σε επιλέξουν, δεν σημαίνει ότι δεν είσαι αρκετά καλή, Πόπι», είπε η μαμά, διαλέγοντας προσεκτικά τα λόγια της. «Απλώς σημαίνει ότι δεν είσαι εντελώς έτοιμη και ότι πιθανότατα θα είσαι την επόμενη φορά... ή τη μεθεπόμενη.

Αναστέναξα. «Αυτό μοιάζει σαν να μου λες μετά από αιώνες. Μόλις τώρα ξεκίνησε *αυτό* το τρίμηνο. Και όπως και να 'χει, θα σημαίνει ότι δεν είμαι αρκετά καλή, γιατί η μις Κοραλί συνεχώς μας λέει ότι αυτό δεν έχει να κάνει με το πόσο καλά ξέρουμε τα βήματα, όσο με την όλη μας στάση απέναντι στο μπαλέτο, πόσο χρόνο αφιερώνουμε στην εξάσκησή μας και πού θέλουμε να φτάσουμε τελικά».

Η μαμά φαινόταν πολύ σοβαρή.

Το δίχως άλλο δεν έβρισκε τι να πει, γιατί έλεγα την αλήθεια. Αν δεν με διάλεγαν, θα σήμαινε ότι δεν ήμουν αρκετά καλή. Τέλος.

Και πραγματικά, θα μου φαινόταν σαν να είχε φτάσει το τέλος μου. Αυτό δεν μπορεί να το καταλάβει κανείς γιατί το κρατάω μυστικό. Κανείς εκτός από την Τζασμίν. Η Τζασμίν είναι φίλη μου από το μπαλέτο.

Με το που σκέφτηκα την Τζασμίν, ένας χείμαρρος λέξεων ξεχύθηκε από μέσα μου.

«Δεν αντέχω να περιμένω άλλο!»

Η μητέρα μού χαμογέλασε πλατιά μέσα απ' τον καθρέφτη. «Μόλις σε αφήσω λέω να πάω σπίτι και να σας ετοιμάσω μερικά σάντουιτς, συμφωνείς; Αν η Τζασμίν πεινάει μετά το μάθημα του μπαλέτου έστω και το μισό απ' όσο εσύ, δεν θα σας προλαβαίνω...»

Ακούγοντας αυτά τα λόγια από το στόμα της μαμάς, αισθάνθηκα σαν μωρό. Συνήθως δεν μου μιλάει έτσι.

Μου φαίνεται ότι προσπαθούσε να με κάνει να μη σκέφτομαι τη μεγάλη μέρα... Το κόλπο της, όμως, δεν έπιασε...

«Αν δεν με επιλέξουν, το ξέρεις ότι δεν θα είμαι πια στην ίδια τάξη με την Τζασμίν;» κλαψούρισα.

«Πού ξέρεις; Μια και είσαστε κι οι δυο πολύ πιο μικρές απ' όλες τις άλλες, μπορεί η μις Κοραλί ν' αποφασίσει να σας κρατήσει και τις δυο στην τέταρτη τάξη».

«Βάζω στοίχημα πως δεν πρόκειται να κρατήσει την Τζασμίν».

«Ωραία, ακόμα κι αν δεν την κρατήσει, εσείς δεν θα πάψετε να βλεπόσαστε».

«Για πόση ώρα, όμως; Το μπαλέτο δεν είναι σχολείο».

«Λοιπόν...» –η μαμά άρχισε να ψάχνει με το βλέμμα της γύρω, για να βρει να παρκάρει– «... αγαπούλα, σ' αφήνω εδώ. Και σταμάτα να βασανίζεσαι με μαύρες σκέψεις, γιατί δεν θα μπορέσεις να βάλεις τα δυνατά σου». Γύρισε και μου έριξε ένα χαμόγελο όλο σιγουριά.

Κατέβηκα από τ' αμάξι και κατευθύνθηκα τρέχοντας, με τη σκούρα μπλε τσάντα μου να χτυπάει στο πλευρό μου, προς τη μεγάλη και βαριά πόρτα της Σχολής Μπαλέτου Κοραλί Τσάρλτον.

«Καλή τύχη!»

Με τόση φασαρία που έκαναν τ' αυτοκίνητα στη Χάι Στριτ, μετά βίας άκουσα τη φωνή της μαμάς.

Μετά έσπρωξα κι άνοιξα την πόρτα.

Η μυρωδιά στην είσοδο της σχολής μπαλέτου είναι η πιο έντονη που έχω μυρίσει ποτέ σε κτίριο – ακόμη πιο έντονη κι απ' αυτήν της καντίνας στο σχολείο μου. Δεν ξέρω τι ακριβώς μυρίζει, πάντα όμως μου φέρνει στο μυαλό ένα παλιό κάστρο, που μέσα του βρίσκεται φυλακισμένη η Ραπουνζέλ, ή κάποιος άλλος ήρωας παραμυθιού. Οι τοίχοι του είναι σκούροι και παγεροί κι ο χώρος σκοτεινός και βρόμικος.

Κάθε φορά που κάποιος ανεβαίνει τρέχοντας τα σκαλοπάτια, τα βήματά του αντιλαλούν σαν καλπασμός αλόγου. Η σκάλα είναι στριφογυριστή, μόνο που αντί για καμπύλες έχει γωνίες και σου δίνει την εντύπωση πως δεν τελειώνει πουθενά.

Μόλις στρίψεις τις δυο πρώτες γωνίες, αρχίζουν να φτάνουν στ' αφτιά σου οι φωνές των άλλων κοριτσιών από τ' αποδυτήρια, και αυτό σε κάνει να αισθάνεσαι υπέροχα. Από εκείνο το σημείο, μπορείς να ξεχωρίσεις και τον ήχο του πιάνου. Στην αρχή δεν ακούς παρά μόνο ένα γκλιν-γκλαν, καθώς όμως πλησιάζεις σιγά σιγά προς τον τελευταίο όροφο, αρχίζεις ν' ακούς καθαρά τη μελωδία. Είναι σαν να βλέπεις ένα λουλούδι ν' ανοίγει τα πέταλά του...

«Πόπι!»

Σκύβοντας πάνω από την κουπαστή, είδα κάτω στην είσοδο να μπαίνει η Τζασμίν. «Γεια», φώναξα. «Έχω πολύ τρακ. Εσύ πώς είσαι;»

Με κοίταξε με βλέμμα χαμένο και κούνησε το κεφάλι. «Δεν μπορούσα να βρω τη μάλια μου και στην αρχή πίστεψα πως η μαμά ξέχασε να την πλύνει».

«Μη μου πεις! Και πού ήταν τελικά;»

Έβαλε τα γέλια «Στο συρτάρι μου – όπως πάντα».

Έπειτα η φωνή της ακούστηκε τρεμουλιαστή γιατί ανέβαινε σαν σίφουνας τα σκαλοπάτια. «Μου φαίνεται ότι σιγά σιγά χάνω το φως μου».

Καθώς η Τζασμίν έτρεχε, η αλογοουρά της τιναζόταν πέρα-δώθε και στο κάτω μέρος άνοιγε σαν βεντάλια. Θα έδινα τη μισή ζωή μου για να έχω όμορφα μαύρα μαλλιά σαν της Τζασμίν. Στην πραγματικότητα, θα ήθελα να μπορούσα ν' ανταλλάξω όλη μου την εμφάνιση με αυτή της Τζασμίν. Έχει σταρένιο δέρμα, χωρίς ούτε μια φακίδα. Η Τζασμίν, πάλι, ισχυρίζεται ότι θα ήθελε να είναι σαν εμένα, αλλά εγώ πιστεύω ότι το λέει μόνο και μόνο για να με κάνει να νιώσω καλύτερα.

Μόλις έφτασε δίπλα μου, μου έσφιξε το μπράτσο. «Μπορούμε να κάνουμε εξάσκηση για τις εξετάσεις μόλις πάμε σπίτι σου, εντάξει;»

Με το που είπε αυτά τα λόγια μ' έπιασε σφίξιμο στο στομάχι και φτάνοντας στα τελευταία σκαλοπάτια, άρχισαν να γουργουρίζουν τ' άντερά μου. «Τι γίνεται έτσι και δεν μ' επιλέξουν, Τζασμίν;»

«*Θα* σ' επιλέξουν. Είσαι πολύ καλή».

«Όχι όσο εσύ».

«Είσαι, σου λέω».

«Ξέρεις πολύ καλά ότι δεν είμαι».

«*Εγώ* πιστεύω πως είσαι».

«Η μις Κοραλί πιστεύει πως δεν είμαι».

«Δεν έχει σημασία τι πιστεύει η μις Κοραλί. Στο κάτω κάτω, δεν είναι παρά μια παλιά πρωταγωνίστρια του Βασιλικού Μπαλέτου. Σημασία έχει τι θα πω *εγώ!*» Βάλαμε κι οι δυο τα γέλια. Την ίδια στιγμή, όμως, η Τζασμίν σταμάτησε. Είχαμε φτάσει σχεδόν στα αποδυτήρια.

«Αχ, όχι!»

«Τι έπαθες;»

«Αυτή δεν είναι η μουσική της *révérence;*»

Η Τζασμίν είπε τη λέξη με γαλλική προφορά – εννοούσε την *υπόκλιση* που κάνουμε στο τέλος του μαθήματος. Γούρλωσε τα μάτια, γιατί της φάνηκε πως η τάξη που κάνει μάθημα πριν από μας τέλειωνε από λεπτό σε λεπτό και θα καθυστερούσαμε, εγώ όμως αναγνώρισα τη μελωδία.

«Μην ανησυχείς. Ακόμα χορεύουν. Έχουμε ώρα».

Ήξερα ότι έδινα την εντύπωση παιδιού που δεν του καίγεται καρφί για *τίποτα* στον κόσμο, αλλά μέσα μου έτρεμα ολόκληρη.

Ήμουν έτοιμη ν' ανοίξω την πόρτα των αποδυτηρίων, όταν η Τζασμίν μού ψιθύρισε: «Καλή τύχη, Πόπι».

Μου έκανε σινιάλο με σηκωμένο τον αντίχειρα, και της το ανταπόδωσα. Μετά, απλώσαμε τα χέρια, πιέσαμε τους αντίχειρές μας και κλείσαμε τα μάτια. Πάντα το κάνουμε αυτό. Είναι ο μυστικός μας τρόπος να κάνουμε μια ευχή.

«Κάνε, Θεούλη μου, να μας δεχτούν και τις δυο», είπε η Τζασμίν.

Το ίδιο ευχήθηκα κι εγώ, μ' όλη τη δύναμη της ψυχής μου.

Υπήρχαν αρκετά κορίτσια που άλλαζαν και κάνα δυο έτρωγαν φρυγανιές και έκαναν *πλιέ.*

Η Τάμσιν Γουότερς βρισκόταν ακριβώς στη μέση της αίθουσας, σε στάση γέφυρας.

«Γεια σου, Πόπι! Γεια σου, Τζασμίν!»

«Πώς το κατάλαβες πως ήμασταν εμείς;» ρώτησε η Τζασμίν.

Η Τάμσιν ξεδιπλώθηκε με απαλές κινήσεις και κοιτάχτηκε στον καθρέφτη. «Σας αναγνώρισα από τα πόδια».

Σχημάτισε τόξο με το δικό της πόδι κι ένα χαμόγελο υπεροψίας απλώθηκε στο πρόσωπό της.

Η Τζασμίν μού έριξε μια γρήγορη ματιά. Και οι δυο αντιπαθούμε τη μανία της Τάμσιν να επιδεικνύει την ευλυγισία της.

«Αχ, *όχι!*» τσίριξε μια άλλη κοπέλα, η Σόφι Κοτλ. «Δεν στρώνουν τα μαλλιά μου. Πρέπει να τα ξαναφτιάξω απ' την αρχή». Η Σόφι έχει πολύ πυκνά μαλλιά, που δεν είναι όλα στο ίδιο μήκος, οπότε δυσκολεύεται πάντα να τα πατικώσει κάτω από την κορδέλα της. «Μήπως σας περισσεύει κανένα τσιμπιδάκι;»

Της έδωσα μερικά τσιμπιδάκια από την εσωτερική θήκη της τσάντας μου, κι ένιωσα τυχερή που έχω μαλλιά αρκετά μακριά και λεπτά. Στις άκρες τους είναι σπαστά, κι έτσι μπορώ εύκολα να τα μαζεύω κότσο. Η Μία, μια φίλη μου από το σχολείο, λέει πως εκεί που κάνει μπαλέτο τούς επιτρέπουν, αν θέλουν, ν' αφήνουν τα μαλλιά τους λυτά. Αυτό συμβαίνει επειδή στη σχολή της κάνουν θεατρικό χορό, κλακέτες και κάτι τέτοια, ενώ η δική μου είναι αποκλειστικά σχολή κλασικού χορού. Ακόμα και η ονομασία της είναι αυστηρή: «Σχολή Χορού Κοραλί Τσάρλτον».

Οι μαθήτριες μπορούν να παρακολουθήσουν μαθήματα μόνο μέχρι τα δεκάξι τους, και ένα ή δυο κορίτσια, μετά την αποφοίτησή τους, κατάφεραν να μπουν στη Σχολή του Βασιλικού Μπαλέτου.

Αφού πρώτα άλλαξα, έδεσα προσεκτικά τα παπούτσια μου και βεβαιώθηκα πως είχα μαζέψει καλά τα μαλλιά μου με την κορδέλα, ψιθύρισα: «Πάμε να περιμένουμε στον διάδρομο;»

Η Τζασμίν μού έγνεψε καταφατικά κι έτσι το σκάσαμε αθόρυβα από τα αποδυτήρια. Ήθελα πολύ, πριν αρχίσουμε το σημερινό μάθημα, να κάνω μια γερή προθέρμανση. Έτσι, θα μπορούσα να παρουσιάσω στη μις Κοραλί τα βήματα του χορού μου στην εντέλεια, από την αρχή κιόλας του μαθήματος. Ίσως αυτό την έκανε να με προσέξει και να σκεφτεί ότι ήμουν κατάλληλη για τον διαγωνισμό.

Θα μπορούσα να κάνω προθέρμανση στ' αποδυτήρια, αλλά δεν ήθελα να με δει κανείς, γιατί έτσι και μ' έβλεπαν όλοι θα έλεγαν, *«Κοιτάξτε την Πόπι Βέρνον! Σκίζεται για να περάσει στο διαγώνισμα»*. Κι αν μετά απ' αυτό δεν με διαλέξει η μις Κοραλί, όλοι –το δίχως άλλο– θα με κοιτάζουν με οίκτο και τότε εγώ θα κοκκινίσω από ντροπή και θα μου 'ρχεται να βάλω τα κλάματα.

«Σου φαίνεται ότι γλιστράνε τα πόδια μου;» ρώτησα την Τζασμίν, καθώς έκανα ένα *πλιέ* στην πρώτη ποζισιόν.

Τα παρατήρησε προσεκτικά και μου έγνεψε αρνητικά.

«Τα δικά μου;»

«Τα δικά σου δεν γλιστράνε ποτέ. Πόσο θα ήθελα να ήμουν καλή σαν και σένα!»

«Είμαι καλή σε μερικά μόνο πράγματα. Στον κανονικό χορό δεν φτάνω ούτε στο δαχτυλάκι σου. Η μις Κοραλί έχει να λέει για την εκπληκτική εκφραστικότητά σου».

«Εννοεί την έκφραση στο πρόσωπό μου».

«Όχι, εννοεί το σύνολό σου».

Ήμουν έτοιμη να της πω, *«Πάω στοίχημα ότι κάνεις λάθος»,* όταν στ' αφτιά μου έφτασε η μουσική της *υπόκλισης* πίσω απ' την κλειστή πόρτα της Αίθουσας Ένα.

«Τελειώνουν! Βοήθεια! Τρέμω από φόβο, Τζασμίν!» ψιθύρισα.

Την ίδια στιγμή, η πόρτα των αποδυτηρίων άνοιξε και βγήκαν και οι υπόλοιπες στον διάδρομο.

Η Τζασμίν κι εγώ ενώσαμε τους αντίχειρές μας γρήγορα γρήγορα στα κλεφτά και μετά αρχίσαμε να μπαίνουμε στη σειρά, δίπλα στην πόρτα. Πρώτη η Τζασμίν, μετά εγώ, και πίσω από μένα η Τάμσιν.

«Για ποιο λόγο ήρθατε εσείς οι δύο τόσο νωρίς;» ρώτησε η Τάμσιν ψιθυριστά, πίσω από την πλάτη μου.

«Γιατί έτσι», της απάντησα ανασηκώνοντας τους ώμους μου.

Όλες ξέρουμε ότι την ώρα που περιμένουμε στη σειρά να βγει η προηγούμενη τάξη από την αίθουσα για να μπούμε εμείς, πρέπει να στεκόμαστε αμίλητες στη θέση μας. Τα κορίτσια που είχαν μάθημα την προηγούμενη ώρα βγήκαν ξαναμμένα και ιδρωμένα. Περπατούσαν δίπλα μας, χωρίς να μιλάνε. Αυτό δεν μας το έχει επιβάλει η μις Κοραλί. Απλώς, είναι προτιμότερο να παραμένουμε σιωπηλές, μέχρις ότου μπούμε στα αποδυτήρια. Τότε, μπορούμε να πούμε στις φίλες μας αν κάπου αισθανθήκαμε άσχημα ή δεν καταλάβαμε κάτι.

Πρόσεξα ότι η Τζασμίν βρισκόταν στην πέμπτη ποζισιόν. Πάντα μοιάζει με πραγματική μπαλαρίνα. Δοκίμασα να κάνω κι εγώ το ίδιο, αλλά αισθάνθηκα γελοία, γιατί κάτι τέτοιο δεν ταιριάζει στο σώμα και στο στιλ μου – κι επειδή δεν διαθέτω τα φυσικά προσόντα της Τζασμίν. Στην πραγματικότητα, δεν έχω *τίποτα* τόσο καλό όσο εκείνη. Και –πάνω απ' όλα– αντίληψη. Όταν κάνουμε μια σειρά από βήματα, η Τζασμίν τα μαθαίνει αμέσως, ενώ εγώ χρειάζομαι ώρες ατέλειωτες.

Ξαφνικά, συνειδητοποίησα ότι στεκόμουν ανάμεσα στην πιο έξυπνη και στην πιο ευλύγιστη. Κι εγώ; Σε τι ήμουνα καλή; Σε τίποτα – εκτός απ' την εκφραστικότητα, που, κατά τη γνώμη μου, δεν μετράει ούτε στο μισό από τα προσόντα των άλλων.

Μάλλον έχασα τον χρόνο μου με την επιπλέον προθέρμανση, αφού η μις Κοραλί δεν θα με διάλεγε ποτέ για τον διαγωνισμό. Ένιωσα τόσο απελπισμένη, που μου 'ρχόταν να γυρίσω τα πόδια μου προς τα μέσα, να καμπουριάσω την πλάτη, να πετάξω την κοιλιά μου έξω και να ρίξω το κεφάλι πάνω στο στήθος μου.

«Για περάστε, η επόμενη τάξη!»

Αυτό ήταν. Η μεγάλη στιγμή είχε φτάσει.

Ίσιωσα την πλάτη μου, σήκωσα το κεφάλι κι έκανα μια ευχή: *«Θεούλη μου! Κάνε να με διαλέξει».*

2 Η Καινούρια Μαθήτρια

Στην αίθουσα χορού μπαίνουμε πάντα τρέχοντας με ανάλαφρα βήματα και πηγαίνουμε απευθείας στην *μπάρα.*

Καθώς ακολουθούσα την Τζασμίν, με την άκρη του ματιού μου πρόσεξα πως η μις Κοραλί φορούσε τη μαύρη κλος φούστα της, γαλάζιο γιλέκο με μαύρες τιράντες και λευκό καλσόν. Επιπλέον, φορούσε τα μαύρα χαμηλοτάκουνα παπούτσια της, που εξωτερικά μοιάζουν με κανονικά παπούτσια μπαλέτου.

Δεν ξέρω πόσων χρόνων είναι – μάλλον λίγο μεγαλύτερη από τη μαμά. Μόνο που δεν μοιάζει καθόλου με μαμά. Μοιάζει, απλώς... τέλεια!

Μιλούσε με την κυρία Μάρσντεν, την πιανίστα, έχοντας συγχρόνως μισοστραμμένο το βλέμμα προς το μέρος μας. Μόλις φτάσαμε όλες στην μπάρα, μας έστειλε ένα πλατύ χαμόγελο και στάθηκε στην πρώτη ποζισιόν με εντελώς ίσια πλάτη. Κατόπιν, χαμογέλασε προς όλα τα κορίτσια της αίθουσας, έτσι ώστε καμιά να μη μείνει παραπονεμένη.

«Καλησπέρα, κορίτσια», είπε, στηρίζοντας το χέρι της σε μια υποθετική μπάρα και ανασηκώνοντας ελάχιστα το πηγούνι της. «*Πλιέ.* Πέμπτη ποζισιόν».

Η κυρία Μάρσντεν παρακολουθούσε με προσοχή τη μις Κοραλί, περιμένοντας τις λέξεις «*Preparation* ... και ...» Και η παραμικρή άσκηση του μπαλέτου αρχίζει μ' αυτή τη φράση. Είναι κάτι σαν σύνθημα – από τη μια προς την κυρία Μάρσντεν, για να παίξει την πρώτη νότα στο πιάνο, κι από την άλλη προς εμάς, να ετοιμαστούμε για την πρώτη άσκηση.

Είχαμε στηθεί λοιπόν όλες, σαν κολόνες του ηλεκτρικού και κοιτούσαμε το πίσω μέρος του κεφαλιού της κοπέλας που βρισκόταν μπροστά μας, περιμένοντας τις μαγικές λέξεις. Αλλά αντί να πει «*Preparation* ... και ...», η μις Κοραλί ζάρωσε ξαφνικά το μέτωπό της κι έριξε μια σύντομη ματιά γύρω. «Σήμερα περίμενα μια καινούρια μαθήτρια. Δεν ήρθε;»

«Καινούρια μαθήτρια;» ψιθυρίσαμε όλες. «Ποια καινούρια μαθήτρια;» Ένα βλέμμα ανυπομονησίας άστραψε στο πρόσωπο της μις Κοραλί. «Ήταν να έρθει στην τάξη ένα κορίτσι με τ' όνομα Ρόουζ Μπέντφορντ. Μήπως την είδε καμιά σας;» Όλες κουνήσαμε αρνητικά το κεφάλι ενώ η Τάμσιν ψιθύρισε, «Δεν έχω ιδέα».

Ωστόσο, εγώ είχα ιδέα. Η Ρόουζ Μπέντφορντ έρχεται στο σχολείο μου. Για την ακρίβεια, πηγαίνουμε στην ίδια τάξη, αλλά σε διαφορετικό τμήμα. Οι δάσκαλοι την μαλώνουν διαρκώς και στις συγκεντρώσεις τραγουδάει πολύ δυνατά. Πολλές φορές ξεχνάει να φορέσει παλτό, αλλά όταν τρέχει σαν σίφουνας με τ' αγόρια στο προαύλιο, δεν φαίνεται να κρυώνει.

Καθώς έρχονταν στο μυαλό μου όλο και περισσότερες εικόνες της Ρόουζ Μπέντφορντ, έβγαλα το συμπέρασμα ότι η καινούρια μαθήτρια δεν μπορούσε να ήταν αυτή που ήξερα εγώ. Η Ρόουζ που ήξερα από το σχολείο *μου,* δεν υπήρχε περίπτωση να παρακολουθήσει ποτέ μαθήματα μπαλέτου.

Κατ' αρχήν, αυτή δεν ήταν ικανή να μείνει ακίνητη σ' ένα μέρος.

Η μις Κοραλί έριξε μια σκυθρωπή ματιά στο ρολόι της κι έπειτα είπε αποφασιστικά: «Λυπάμαι, αλλά δεν μπορούμε να καθυστερήσουμε άλλο». Και τότε, ακριβώς τη στιγμή που καμιά μας δεν το περίμενε, είπε τις μαγικές λέξεις: *«Preparation* ... και ...»

Η κυρία Μάρσντεν θα πρέπει να ξαφνιάστηκε πολύ, γιατί είδα τα χέρια της να πετάνε προς το πιάνο και το πρόσωπό της να παίρνει μια πολύ εκνευρισμένη έκφραση. Μόλις που πρόλαβε τη μουσική για τα *πλιέ.*

«... *ένα* και *δύο* και *πάνω* και *κάτω...*», συνέχισε η μις Κοραλί. Πάντα μετρούσε και μιλούσε στον ρυθμό της μουσικής. «Και *γυρίστε* – και άλλο – και *χέρι-κεφάλι* – και *πάλι* και *δύο* – και *τρία* – και *τέσσερα* και...»

Ένιωθα τις γάμπες μου πολύ δυνατές, γι' αυτό και συγκεντρώθηκα μ' όλες μου τις δυνάμεις στην προσπάθεια να κάνω καλά τη στροφή, χωρίς να γλιστρήσουν τα πόδια μου από τη θέση τους. Δεν μπορούσα να καταλάβω αν η μις Κοραλί είχε προσέξει ακόμα τα *πλιέ* μου, γιατί βρισκόταν πίσω μου, αλλά όταν γυρίσαμε προς την άλλη μεριά είδα ότι παρατηρούσε την Ίμυ Πίρσον και τη Λότι Κάρολ. Η Ίμυ και η Λότι είναι πολύ καλές στο μπαλέτο. Από τον τρόπο που η μις Κοραλί έγερνε το κεφάλι της προς τη μια πλευρά, ήταν φανερό ότι θα τους έλεγε πως *αυτές,* θα έπαιρναν μέρος στον διαγωνισμό. Πάντα γέρνει έτσι το κεφάλι, όταν της φαίνεται πως κάποιος κάνει κάτι καλά.

Καθώς προχωρούσε κατά μήκος της μπάρας, πλησιάζοντας προς το μέρος μου, έσφιξα ακόμη περισσότερο την κοιλιά μου και γύρισα τα πόδια μου προς τα έξω, όσο πιο πολύ μπορούσα. Τώρα κάναμε *πλιέ,* με μέτωπο προς την αντίθετη κατεύθυνση.

«Και ένα – και *δύο* –πολύ πολύ καλά, Πόπι– και *πέντε* – και *έξι* και *επτά* και *οκτώ*».

Ένιωσα να πετάω στα σύννεφα, από ευτυχία. Η μις Κοραλί είχε αναφέρει τ' όνομά μου, πρώτο και καλύτερο. Προσπάθησα, όσο μπορούσα, να μη φανεί στο πρόσωπό μου ότι επιδεικνύομαι, γιατί απεχθάνομαι αυτό το βλέμμα όταν το αντικρίζω στα πρόσωπα των άλλων κοριτσιών.

«*Battements tendues*», είπε η μις Κοραλί. (Οι ονομασίες των ασκήσεων είναι όλες στα γαλλικά. Αυτή ακούγεται σαν *μπατεμόν ταντί!)*

«*Preparation* ... και ...»

Καθώς ξεκινούσε η μουσική, αισθανόμουν ικανή να κάνω τα πάντα. Στεκόμουν στις μύτες των ποδιών μου, με τα γόνατά μου σφιχτά τραβηγμένα προς τα πάνω. «Μπράβο, Τζασμίν...»

Αυτό μ' έκανε ακόμα πιο χαρούμενη. Το όνομα της Τζασμίν, μαζί με το δικό μου, ήταν τα μόνα μέχρι στιγμής που είχαν ακουστεί μέσα στην τάξη. Απ' την πολλή χαρά μου, όμως, θα πρέπει να ξεχάστηκα για ένα λεπτό, γιατί το αμέσως επόμενο πράγμα που ένιωσα ήταν η μις Κοραλί που μου κούναγε το μπράτσο και το χέρι. «Πόπι! Μη στέκεσαι σαν μολυβένιο στρατιωτάκι.

Λύγισε απαλά το χέρι σου». Προσπάθησα μ' όλη μου τη δύναμη να το λυγίσω, αλλά δεν τα κατάφερα. Η μις Κοραλί μού κράτησε το χέρι και κούνησε το μπράτσο μου πάνω-κάτω. «Τι χέρι είν' αυτό; Σαν φτερό μπαγιάτικου κοτόπουλου».

Ενώ προσπαθούσα να μην κοκκινίσω, άκουσα πνιχτά γέλια πίσω από την πλάτη μου. Ανασήκωσα τον αγκώνα μου, χαμήλωσα τον ώμο και...

«Μπράβο, Πόπι! Και *τρία* και *τέσσερα* και...»

Ουφ!

Μετά το τέλος των ασκήσεων στην μπάρα, από την πολλή προσπάθεια να κάνω τα πάντα στην εντέλεια, ένιωθα κατάκοπη. Συνήθως, το μάθημα του μπαλέτου δεν με κουράζει. Για να πω την αλήθεια, οι μοναδικές φορές στη ζωή μου που αισθάνομαι κουρασμένη, είναι τα πρωινά, όταν με ξυπνάει η μαμά.

Για τις ασκήσεις στο κέντρο της σάλας, μακριά απ' την μπάρα, μπαίνουμε πάντα στη σειρά. Η μις Κοραλί μάς λέει σε ποια σειρά θέλει να σταθούμε. Εμένα μ' έβαλε στην τρίτη σειρά και την Τζασμίν στη δεύτερη. Στην αρχή, κάναμε *port de bras,* που σημαίνει κινήσεις των χεριών. Αυτό είναι το πιο αγαπημένο μου κομμάτι από ολόκληρο το μάθημα. Η μουσική του μου φέρνει στο νου σκι σε αργή κίνηση, πάνω σε ασημένιο χιόνι, κάτω από έναν χρυσό ουρανό.

Ήμουν τόσο πολύ χαμένη στον κόσμο μου ώστε, όταν άνοιξε ξαφνικά η πόρτα, έπαθα σοκ. Κάτι τέτοιο συμβαίνει τόσο σπάνια στη μέση του μαθήματος, που όλες σταματήσαμε οτιδήποτε κάναμε, και γυρίσαμε να δούμε τι ακριβώς συνέβαινε. Ακόμη και η κυρία Μάρσντεν σταμάτησε να παίζει πιάνο.

«Α! Να και η Ρόουζ!» είπε η μις Κοραλί.

3 Θεούλη μου! Κάνε να με διαλέξει!

Λίγο έλειψε να ξεφωνίσω από την έκπληξη. Τελικά, ήταν η Ρόουζ Μπέντφορντ από το σχολείο μου – μόνο που δύσκολα την αναγνώριζες, με τα μαλλιά της τραβηγμένα πίσω, κάτω από την κορδέλα της.

Το κακό είναι πως είχε φορέσει την κορδέλα τόσο χαμηλά στο μέτωπό της, που πίεζε τα φρύδια της προς τα κάτω, κι αυτό την έκανε να μοιάζει συνοφρυωμένη. Η μάλια γύρω απ' την κοιλιά της ήταν ζαρωμένη, γιατί της έπεφτε πολύ μεγάλη, και τα πόδια της επίσης έδειχναν παράξενα, μολονότι στην αρχή δεν μπορούσα να καταλάβω τον λόγο.

Κοίταξα την Τζασμίν, για να δω τι σκεφτόταν, κι αμέσως συνειδητοποίησα τι δεν πήγαινε καλά με τα πόδια της Ρόουζ Μπέντφορντ. Ήταν ο τρόπος που στεκόταν, με τα γόνατά της τεντωμένα προς τα πίσω, και τις μύτες των ποδιών της να δείχνουν κατευθείαν εμπρός.

Αυτή είναι η τελευταία στάση που μπορεί να περιμένει κανείς, από κάποιον που κάνει μπαλέτο. Πίσω από μένα, δυο κορίτσια χαμογελούσαν σαν τρελά και τα είχε πιάσει νευρικό γέλιο. Όλες οι υπόλοιπες απλώς κοιτούσαμε. Μετά από μια ατέλειωτη παύση, η οποία στην πραγματικότητα δεν πρέπει να κράτησε παρά ελάχιστα δευτερόλεπτα, ακούστηκε η φωνή της μις Κοραλί:

«Γεια σου, Ρόουζ. Μόλις τώρα αρχίσαμε».

Η Ρόουζ ίσα που κούνησε το κεφάλι της κι έκανε μερικά βήματα μπροστά.

«Ήρθε και η μητέρα σου μαζί;» ρώτησε η μις Κοραλί με ζωηρή φωνή.

«Δεν έβρισκε χώρο να παρκάρει κι έφυγε».

Η μις Κοραλί χαμογέλασε. «Α, μάλιστα... Τώρα κατάλαβα. Η μαμά σου δεν έβρισκε χώρο να παρκάρει, γι' αυτό άργησες!»

«Όχι. Η αλήθεια είναι ότι μου πήρε ώρες να φτιάξω τα μαλλιά μου και να ετοιμαστώ».

Όταν άκουσα τη Ρόουζ να λέει αυτά τα λόγια, έμεινα μ' ανοιχτό το στόμα. Φαινόταν σαν να μην είχε βάλει χτένα στο κεφάλι της. Τα μαλλιά της ήταν γεμάτα κόμπους.

Η μις Κοραλί γούρλωσε τα μάτια.

«Κατάλαβα. Λοιπόν, μια και τώρα βρίσκεσαι εδώ, ας συνεχίσουμε», είπε μάλλον απότομα. «Ρόουζ, μπες στην τρίτη γραμμή – δίπλα στην Πόπι Βέρνον».

Καθώς τραβιόμουνα για να της κάνω χώρο, η Ρόουζ κατάλαβε ποια ήμουν.

«Γεια χαρά!» μου είπε χαμογελώντας χαρωπά.

«Γεια», της απάντησα με μισή καρδιά.

«Πόπι! Γνωρίζεστε με τη Ρόουζ;» ρώτησε η μις Κοραλί.

Τα βλέμματα όλων καρφώθηκαν πάνω μου.

«Πάμε στο ίδιο σχολείο», είπε η Ρόουζ, λυγίζοντας τα γόνατά της και τραβώντας προς τα πάνω τη μάλια της.

Ένα κοροϊδευτικό γέλιο ακούστηκε πίσω μου και ξαφνικά στενοχωρήθηκα για τη Ρόουζ. Από ό,τι φαινόταν, δεν την βόλευε το παντελόνι της και προσπαθούσε να το στρώσει.

«Τι συμβαίνει;» είπε η Ρόουζ γυρνώντας και ρίχνοντας μια άγρια ματιά στην κοπέλα πίσω μας.

«Τίποτα», βιάστηκε ν' απαντήσει εκείνη.

«Μπορούμε να συνεχίσουμε, παρακαλώ;» είπε η μις Κοραλί με μάτια που άστραφταν. «Ρόουζ, ξέρω ότι δεν έχεις ξανακάνει μπαλέτο, αλλά στην πρώτη μας συνάντηση είχα την αίσθηση πως αν δουλέψεις σκληρά, μπορείς να γίνεις πολύ καλή. Αυτός είναι κι ο μοναδικός λόγος για τον οποίο σου επέτρεψα να έρθεις σ' αυτή την τάξη. Από εδώ και πέρα, θα πρέπει να βάλεις τα δυνατά σου. Κατά τη διάρκεια του μαθήματος δεν μιλάμε, γιατί δεν έχουμε χρόνο. Απλώς κοίταζε εμένα ή κάποιο απ' τα κορίτσια που βρίσκονται μπροστά σου και θ' αρχίσεις να "πιάνεις" πράγματα. Θα σου πάρει κάμποσο χρόνο και όπως σου είπα και την προηγούμενη φορά, θα χρειαστεί να εξασκείσαι και στο σπίτι. Σύμφωνοι;»

Η Ρόουζ κούνησε καταφατικά το κεφάλι, εμένα όμως μου φάνηκε ότι στην πραγματικότητα δεν άκουγε. Συνέχιζε να κοιτάζει γύρω την αίθουσα και να παίζει νευρικά με το κάτω μέρος της μάλιας της.

Ύστερα απ' αυτό, η μουσική έχασε τη μαγεία της κι εγώ δεν κατάφερα να κάνω τα υπόλοιπα *port de bras* τόσο καλά όπως συνήθως, γιατί συνεχώς αναρωτιόμουν τι να έκανε η Ρόουζ. Όταν στραφήκαμε προς τη γωνία την είδα να στέκει με εντελώς άκαμπτους ώμους και πόδια ελαφρά λυγισμένα. Η μις Κοραλί δεν την διόρθωσε καθόλου, γιατί παρατηρούσε πολύ προσεκτικά τις υπόλοιπες.

Ήρθε και η σειρά του *adage*, που προφέρεται *αντ αζ.* Ειδικά γι' αυτό το μέρος, χρειάζεται να έχεις πολύ καλή ισορροπία. Η μις Κοραλί έκανε τα βήματα με την πλάτη γυρισμένη προς εμάς, έτσι ώστε να μπορούμε να δούμε ποιο πόδι έπρεπε να χρησιμοποιήσουμε, όταν ξαφνικά η Ρόουζ άρχισε να στριφογυρίζει τα χέρια της στο πλάι, σαν ανεμόμυλος.

«Τσιτώθηκε το σώμα μου, μ' όλες αυτές τις αργές κινήσεις», μου ψιθύρισε.

«Δεν επιτρέπεται να μιλάμε», της απάντησα με στόμφο.

Εκείνη ακριβώς τη στιγμή, η μις Κοραλί γύρισε προς τα πίσω και μου 'ριξε ένα συνοφρυωμένο βλέμμα. «Με προσέχεις, Πόπι;» Έγνεψα καταφατικά, προσπαθώντας να μην κοκκινίσω. Ένιωθα το κεφάλι μου γεμάτο αρνητικές σκέψεις που με τριβέλιζαν, εμποδίζοντάς με να συγκεντρωθώ. Αυτό ήταν άδικο.

«Μέτωπο σε μένα τώρα... Πέμπτη ποζισιόν *croisé*... και...»

Αυτή τη φορά, η μις Κοραλί δεν μετρούσε. Απλώς μας κοίταζε προσεκτικά.

«Σόφι! Δεν βλέπω το πρόσωπό σου».

«Πολύ καλά, Λότι».

«Πόπι! Τέντωσε το πόδι πάνω στο οποίο στηρίζεσαι».

Η Ρόουζ γύρισε στο πλάι για να κοιτάξει το γόνατό μου. Έπειτα, στράφηκε μπροστά και σήκωσε το πόδι της πολύ ψηλά προς τα πίσω, αλλά με λυγισμένο το πόδι πάνω στο οποίο στηριζόταν και με σφιγμένους ώμους. Η μις Κοραλί την διόρθωσε και της έδειξε πώς να δουλέψει τα *arabesques* στο σπίτι της. Ωστόσο, εγώ δεν μπορούσα να φανταστώ τη Ρόουζ να κάνει ποτέ εξάσκηση στο σπίτι. Δεν ήταν κάτι που της ταίριαζε.

Μετά το *adage* περάσαμε στα άλματα.

«Θέλω τα δάχτυλα των ποδιών τεντωμένα και ίσιο το κορμί», είπε η μις Κοραλί ζωηρά.

«Χριστέ και Παναγιά μου!» φώναξε η Ρόουζ.

Κάνα δυο κορίτσια χαχάνισαν, ενώ η Ίμυ Πίρσον μού έριξε μια ματιά σαν να μου 'λεγε, *«Πολύ αλλόκοτη φίλη δεν έχεις;»*

Δεν ήξερα αν έπρεπε να συμφωνήσω, γι' αυτό έκανα πως κοιτάζω προς την άλλη μεριά.

Κάναμε πολλά άλματα, αλλά δεν νομίζω ότι τα έκανα πολύ καλά.

Το πρόβλημα ήταν ότι με την άκρη του ματιού παρακολουθούσα τη Ρόουζ. Πηδούσε πολύ ψηλά και μ' εμπόδιζε να συγκεντρωθώ. Είχε τεντωμένα τα δάχτυλα των ποδιών της και ίσια γόνατα, αλλά δεν κρατούσε τα χέρια και το κορμί της στη σωστή θέση. Το μόνο που έκανε, ήταν να προσπαθεί να πηδήσει όσο πιο ψηλά μπορούσε.

Προσπάθησα να αυτοσυγκεντρωθώ, αλλά δεν τα κατάφερα.

Και μόνο το γεγονός πως η Ρόουζ είχε έρθει στη Σχολή Μπαλέτου της Κοραλί Τσάρλτον, ήταν πολύ παράξενο.

Βασάνιζα το μυαλό μου, γιατί δεν είχε πάει σε καμιά σχολή μοντέρνου χορού. Πολύ θα ήθελα να την ρωτήσω μετά το μάθημα, η *αλήθεια* όμως είναι ότι φοβόμουν να της μιλήσω, γιατί θυμόμουν συνεχώς πόσο με τρόμαζε στο σχολείο, που έπαιζε με τ' αγόρια και που της έκαναν διαρκώς παρατηρήσεις.

Δεν έκανε για τη Σχολή της μις Κοραλί.

Και, ντρέπομαι που το ομολογώ, ούτε εγώ την ήθελα.

Μετά τα άλματα ακολουθούσαν τα βήματα, το πιο δύσκολο κομμάτι του μαθήματος. Στην αρχή κάνουμε τα συνηθισμένα βήματα, αλλά μετά απ' αυτά η μις Κοραλί μάς δείχνει μια αλυσίδα βημάτων, που τα βάζει ύστερα σε σειρά. Υποτίθεται ότι αυτή είναι μια καλή άσκηση για αργότερα, όταν θα μεγαλώσουμε. Κάθε δεκαπέντε μέρες μάς δείχνει μια νέα σειρά από βήματα. Την πρώτη βδομάδα μαθαίνουμε τη σειρά και τη δεύτερη βδομάδα την «χτενίζουμε», όπως λέει.

Είμαι ανίκανη να θυμηθώ μια ολόκληρη σειρά βημάτων μόνη μου. Συνήθως αυτό δεν αποτελεί πρόβλημα, γιατί μόλις πάω στο σπίτι εξασκούμαι όσο μπορώ περισσότερο. Έτσι, όταν έρχεται η στιγμή για το επόμενο μάθημα, καταφέρνω να είμαι αρκετά καλή.

Σήμερα, όμως, ήταν διαφορετικά. Σήμερα, έπρεπε να τα μάθω αμέσως. Άρχισα να τρέμω ολόκληρη, επειδή ήξερα πως για να επιλεγεί μια κοπέλα για τον διαγωνισμό, έπρεπε να είναι καλή σε όλα.

Χαιρόμουν που η Τζασμίν βρισκόταν μπροστά μου, κι έτσι μπορούσα να αντιγράφω τις κινήσεις της.

Η μις Κοραλί μάς έδειξε τα βήματα αργά και προσεκτικά κι έκανα ό,τι περνούσε από το χέρι μου για να τα θυμηθώ όλα. Αλλά όσην ώρα εκείνη αράδιαζε την ατέλειωτη λίστα με τις γαλλικές λέξεις, εγώ το μόνο που άκουγα ήταν τη Ρόουζ δίπλα μου να μουρμουρίζει συνεχώς: «Τι! Ωχ!»

«Λοιπόν, τώρα θα σας αφήσω ένα λεπτό, για να δοκιμάσετε ολόκληρη τη σειρά μόνες σας, κι εγώ θα πω δυο κουβεντούλες με την κυρία Μάρσντεν. Ύστερα, θα τα κάνουμε κανονικά, με τη μουσική. Ρόουζ, κοίταζε τις υπόλοιπες και κάνε ό,τι μπορείς».

Ένα λεπτό! Δεν έφτανε με τίποτα. Κι ενώ σκεφτόμουν ότι θα έπρεπε να βιαστώ, άκουσα τη Ρόουζ να μου σφυρίζει στ' αφτί: «Τι ακριβώς θέλει; Μπορείς να μου δείξεις;»

«Να σου δείξω εγώ! Δεν ρωτάς καλύτερα καμιά άλλη;» της απάντησα ψιθυριστά. «Δεν τα καταφέρνω και πολύ στα βήματα».

Ύστερα απ' αυτό, δεν είχα καιρό να ασχοληθώ με τη Ρόουζ. Είχα πέσει με τα μούτρα, να μάθω εγώ η ίδια τη σειρά. Η Τζασμίν την μελετούσε ακριβώς μπροστά μου κι έτσι την παρατηρούσα και προσπαθούσα να κάνω ακριβώς ό,τι έκανε κι εκείνη.

«Για δες! Τελικά τα καταφέρνεις μια χαρά στα βήματα!» μου ψιθύρισε η Ρόουζ, χαμογελώντας μου εγκάρδια. «Πώς κάνεις αυτό το πήδημα ενώ συγχρόνως σταυρώνεις τα πόδια σου;»

Παρακαλούσα να με αφήσει στην ησυχία μου, γιατί ακόμα δεν το είχα μάθει καλά.

«Πολύ ωραία. Και τώρα θα τα δοκιμάσουμε με τη μουσική. Για αλλαγή θα ξεκινήσουμε από την τελευταία σειρά».

Η καρδιά μου χτύπησε δυνατά, κι από την ταραχή μού ήρθε εμετός. Θα τα κάναμε κάθε φορά κι από μια σειρά ξεχωριστά. Εγώ, όμως, δεν υπήρχε περίπτωση να τα καταφέρω χωρίς να βλέπω την Τζασμίν, ή *κάποια* άλλη έστω.

«Και *ένα* – και *δύο* – και *τρία* – και *τέσσερα*...

Η πίσω σειρά ήταν πολύ καλή, μια κι εκεί βρίσκονταν η Ίμυ και η Λότι.

«Ψιτ! Μου φαίνεται ότι είναι καλύτερες από εμάς, δεν συμφωνείς;» είπε η Ρόουζ.

Κούνησα στενοχωρημένη το κεφάλι.

«Η τελευταία σειρά, πολύ καλά. Και τώρα, ας έρθει η τρίτη σειρά, παρακαλώ».

Καθώς πήγαινα στη θέση μου με τρεμάμενα πόδια, η Τζασμίν σήκωσε τον αντίχειρά της και μου έκανε σινιάλο.

«Και...»

Πίστευα ότι θα μπορούσα να κάνω τουλάχιστον το πρώτο μέρος, όμως, ακόμα κι εκεί, τα πήγα χάλια.

Κι αυτό, επειδή με την άκρη του ματιού μου έβλεπα τη Ρόουζ και ήξερα ότι προσπαθούσε να με αντιγράψει, αλλά το μόνο που κατάφερνε, ήταν να μοιάζει με ακρίδα. Κι απ' τη στιγμή που μου 'ρθε στο μυαλό αυτή σκέψη, μπερδεύτηκα εντελώς. Έπειτα άκουσα την Τάμσιν να χασκογελάει και δεν μπορούσα να καταλάβω αν γελούσε με μένα ή με τη Ρόουζ. Όσο για τη Ρόουζ – καρφί δεν της καιγόταν. Έτσι κι αλλιώς, δεν θα έπαιρνε μέρος στον διαγωνισμό. Για μένα, όμως, ήταν πολύ σημαντικό, και να που τώρα τα είχα κάνει θάλασσα *και* είχα κοκκινίσει ολόκληρη.

Βλέποντας τη σειρά της Τζασμίν και την μπροστινή σειρά, ένιωσα ακόμα πιο δυστυχισμένη, γιατί όλες σχεδόν ήταν καλύτερες από μένα...

Η μοναδική μου ελπίδα, για να αναπληρώσω τα βήματα, ήταν να κάνω αρκετά καλά τις ασκήσεις στην μπάρα και τις ασκήσεις των χεριών.

Μετά τη *révérence,* η μις Κοραλί είπε ότι θα μας ανακοινώσει ποιες είχε επιλέξει για τον διαγωνισμό. Όλες έτρεξαν μπροστά – μόνο η Ρόουζ κι εγώ μείναμε πίσω.

Η Ρόουζ δεν μπήκε καν στον κόπο ν' ακούσει. Απλώς, περιφερόταν στην μπάρα και σε μια στιγμή έβαλε επάνω το δεξί της πόδι. Η μις Κοραλί δεν φάνηκε να ενοχλείται. Άλλωστε, το μάθημα είχε τελειώσει.

Η καρδιά μου χτυπούσε τόσο δυνατά που ένιωθα το στήθος μου να πάλλεται. «*Θεούλη μου, κάνε να με διαλέξει!*»

«Τώρα, μερικές από σας μπορεί ν' απογοητευτείτε που δεν επιλεγήκατε, αλλά όπως ξέρετε, όσο πιο προχωρημένες είσαστε στο μπαλέτο, τόσο πιο δύσκολα γίνονται τα πράγματα – κι εγώ δεν αφήνω καμιά να πάρει μέρος στον διαγωνισμό, αν δεν είμαι απολύτως βέβαιη ότι θα τα πάει καλά».

Όλες κούνησαν το κεφάλι και περίμεναν. Η καρδιά μου βροντοχτυπούσε.

«Για εκείνες που θα δώσουν εξετάσεις, θα υπάρξει ένα επιπλέον τμήμα τις Παρασκευές, γιατί μια φορά την εβδομάδα δεν είναι αρκετή».

Στεκόμουν ακίνητη σαν άγαλμα, περιμένοντας ν' ακούσω ποιες είχε επιλέξει. Αλλά η Τζασμίν με σκουντούσε και τίναζε το κεφάλι της. Ήθελε να με κάνει να κοιτάξω προς τη μεριά της μπάρας. Όταν είδα τι είχε κάνει η Ρόουζ, παραλίγο να ξεφωνίσω.

Στεκόταν απέναντι στην μπάρα, στηριγμένη στο αριστερό της πόδι με την πατούσα γυρισμένη προς τα έξω. Είχε γλιστρήσει τον δεξιό της αστράγαλο τόσο μακριά κατά μήκος της μπάρας, που είχε χωριστεί σχεδόν στα δύο.

Ούτε η Τάμσιν Γουότερς δεν θα μπορούσε να το κάνει αυτό. Ήταν απίστευτο.

«Λοιπόν, ακούστε ποιες θα πάρουν μέρος στον διαγωνισμό, γι' αυτό το τρίμηνο...»

Έστρεψα απότομα το βλέμμα μου προς τη μις Κοραλί.

«... και αν ακόμα δεν βρίσκεστε στη λίστα, αυτό σημαίνει απλώς ότι θα διαγωνιστείτε το επόμενο τρίμηνο, ή όποτε είσαστε έτοιμες. *Δεν* σημαίνει ότι δεν είσαστε καλές στο μπαλέτο ή κάτι τέτοιο, γιατί σ' αυτή την τάξη είσαστε *όλες* καλές».

Μας έριξε ένα βιαστικό χαμόγελο, κατόπιν χαμήλωσε τα μάτια της στο χαρτί, ενώ εγώ χαμήλωσα τα δικά μου στο πάτωμα.

«Λότι Κάρολ, Ίμυ Πίρσον...» Στράφηκα και τις είδα ν' αγκαλιάζονται και να χοροπηδάνε ευτυχισμένες. «... Τάμσιν Γουότερς, Σόφι Τζέιμς, Ίζαμπελ Μπρουκς και Τζασμίν Έιντ».

Είδα το πάτωμα να θολώνει. Δεν ήθελα να σηκώσω ποτέ ξανά τα μάτια μου. Ένιωσα το χέρι της Τζασμίν γύρω απ' τους ώμους μου. Ήξερα ότι το έκανε από καλή διάθεση, εγώ όμως ήθελα να το τινάξω από πάνω μου, γιατί δεν το άντεχα. Ο λαιμός μου πονούσε και φοβήθηκα ότι όπου να 'ναι θ' άρχιζαν να τρέχουν δάκρυα από τα μάτια μου. Ήθελα να μπορούσα να τρέξω μακριά, να βρω μια σκοτεινή γωνιά κι εκεί να κλάψω με την καρδιά μου και κανένας να μην ξέρει πόσο αβάσταχτα πονούσα.

Μέσα στο κεφάλι μου μια φωνή έλεγε: *«Για όλα φταίει η Ρόουζ. Αυτή σε μπέρδεψε».*

Ξαφνικά, όμως, συνειδητοποίησα κάτι...

Η μις Κυραλί είχε διαβάσει τα ονόματα από έναν κατάλογο. Αυτό σήμαινε ότι είχε ήδη αποφασίσει ποιες θα έδιναν εξετάσεις, πριν ακόμα αρχίσει το μάθημα. Οπότε δεν μπορούσα να το ρίξω στη Ρόουζ. Ήταν *δικό μου* πρόβλημα. Δεν ήμουν αρκετά καλή. Απλώς, δεν ήμουν αρκετά καλή...

4 Μάτια Βουρκωμένα

«Μαντέψτε τι σας έφτιαξα για φαγητό! Μακαρόνια με τόνο», είπε η μαμά.

Μιλούσε με πρόσχαρη φωνή. Την ίδια με την οποία άρχισε να μιλάει από τη στιγμή που η Τζασμίν κι εγώ μπήκαμε στο αμάξι και της είπα ότι δεν θα έπαιρνα μέρος στον διαγωνισμό.

«Δεν πειράζει», είχε πει. «Η μις Κοραλί ξέρει καλύτερα».

Ύστερα απ' αυτό, βούλιαξα στο μπροστινό κάθισμα και δεν έβγαλα μιλιά, γιατί ήμουνα πάρα πολύ στενοχωρημένη.

Ωστόσο, η σιωπή μου δεν έκανε αίσθηση, μια και η μαμά μιλούσε για δέκα.

«Σ' αρέσουν τα μακαρόνια με τόνο, Τζασμίν;» ρώτησε σηκώνοντας το πηγούνι της έτσι ώστε τα μάτια της να μπορούν να κοιτάζουν στον καθρέφτη του οδηγού.

«Πάρα πολύ», απάντησε η Τζασμίν ήρεμα. *Εκείνη,* πάλι, από τη στιγμή που βγήκαμε απ' την τάξη, χρησιμοποιούσε την ήρεμη φωνή της. «Μόνο που πρώτα θα πεταχτούμε να πάρουμε τον Στήβι από το σπίτι του Μαρκ Μέισον».

Στο σημείο αυτό, διέκοψα τη σιωπή μου: «Αχ, όχι, μαμά! Είχες πει ότι τον Στήβι θα τον έπαιρνες αργότερα».

«Ναι, αλλά οι γονείς του Μαρκ έχουν να βγουν απόψε και θέλουν να ετοιμάσουν τον Μαρκ για ύπνο πριν φτάσει η μπέιμπι-σίτερ. Γι' αυτό και υποσχέθηκα ότι θα πάρουμε τον Στήβι νωρίς».

«Αχ, μαμά! Θα μας ενοχλεί όλη την ώρα εμένα και την Τζασμίν».

«Δεν πρόκειται να σας ενοχλεί, γιατί δεν θα τον αφήσω εγώ», είπε η μαμά, με την ίδια πρόσχαρη φωνή. Αμέσως μετά, ακούστηκε κάπως κουρασμένη: «Ας ακούσουμε λίγη μουσική, συμφωνείτε;»

Μου φάνηκε ότι βαρέθηκε να μιλάει. Πολύ πιθανόν να είχε βαρεθεί κι εμένα. Δεν μπορούσα όμως να μην είμαι κακοδιάθετη. Αυτή ήταν η χειρότερη μέρα της ζωής μου και τώρα θα γινόταν ακόμα χειρότερη, γιατί έπρεπε να ανεχθώ τον μικρό μου αδερφό που θα τριγύριζε στα πόδια μας, τη στιγμή που εγώ είχα καλεσμένη την Τζασμίν για τσάι.

Αναστέναξα τόσο βαθιά, που οι ώμοι μου ανέβηκαν ψηλά και ξανάπεσαν κάτω – κι έπειτα βούλιαξα ακόμα περισσότερο στο κάθισμά μου. Με την Τζασμίν σε άλλο τμήμα, κι εμένα κολλητή με τη Ρόουζ Μπέντφορντ, να πηδάει σαν ακρίδα και να γρυλίζει σαν χαζή, το επόμενο τρίμηνο προμηνυόταν απαίσιο.

Αν δεν ήταν η Ρόουζ στη μέση, θα είχα κάνει τα βήματα πολύ καλύτερα, και τότε ίσως...

Ωστόσο, δεν έπρεπε να κατηγορώ τη Ρόουζ. Το μόνο που έπρεπε να κάνω, ήταν να κάθομαι εκεί πέρα και ν' ακούω το CD της μαμάς μ' έναν κόμπο στον λαιμό.

Καμιά μας δεν ξεστόμισε λέξη, μέχρις ότου φτάσαμε στο σπίτι του Μαρκ Μέισον.

«Εσείς μείνετε εδώ. Επιστρέφω σε μισό λεπτό».

Μόλις η μαμά βγήκε από τ' αυτοκίνητο, η Τζασμίν έσκυψε μπροστά. «Ε, Πόπι. Ξέρεις, η μις Κοραλί μπορεί ν' αλλάξει γνώμη... Αν προπονηθείς σαν τρελή και σε βοηθήσω κι εγώ με τα βήματα... Και μπορούμε να της πούμε ότι σε μπέρδεψε η Ρόουζ».

«Μα δεν έφταιγε η Ρόουζ...»

«Και βέβαια έφταιγε! Όλες τις άλλες φορές είσαι *πολύ* καλύτερη απ' ό,τι ήσουν σήμερα».

«Μακάρι να μην είχε έρθει στην τάξη μας. Με μπέρδεψε και τα έκανα όλα λάθος».

«Το ξέρω. Είναι άδικο! Έτσι κάνει και στο σχολείο;»

«Παίζει πάντα με τ' αγόρια και όλη την ώρα τής κάνουν παρατηρήσεις. Δεν ξέρω για ποιο λόγο ήρθε στο μπαλέτο».

«Μπορεί να την *ανάγκασε* η μητέρα της».

Κούνησα θλιμμένα το κεφάλι.

«Αλλά αν εξασκηθείς *πραγματικά* σαν τρελή στα βήματα και την επόμενη βδομάδα πούμε στη μις Κοραλί ότι δεν μπορούσες να συγκεντρωθείς εξαιτίας της Ρόουζ...»

«Δεν είμαι βέβαιη...»

Τη στιγμή εκείνη, η πίσω πόρτα του αυτοκινήτου άνοιξε απότομα και μπήκε ο μικρός μου αδερφός.

«Έι! Ο Μαρκ έχει ένα καπέλο του μπέιζμπολ μ' ένα φωτάκι πάνω του, για να μπορεί να διαβάζει και στο σκοτάδι, αλλά δεν είχε σκοτεινιάσει ακόμα κι έτσι δεν μπορέσαμε να το δοκιμάσουμε».

Δεν είπα τίποτα. Δεν γύρισα καν να τον κοιτάξω. Ο λαιμός μου πονούσε και πάλι. Το μόνο που ήθελα ήταν να πάω στο σπίτι, ν' ανέβω στο δωμάτιό μου και να συνεχίσω να κουβεντιάζω με την Τζασμίν. Χαιρόμουν που πίστευε ότι έφταιγε η Ρόουζ κι όχι εγώ. Αυτό μ' έκανε να αισθάνομαι κάπως καλύτερα.

«Ώστε πέρασες καλά, Στήβι;» είπε η μαμά γελώντας, ενώ έδενε τη ζώνη ασφαλείας της.

«Ου! Απίθανα!»

Δεν ξέρω αν ο Στήβι κατάλαβε ξαφνικά ότι ήμουν πολύ ήσυχη, αλλά έσκυψε μπροστά και κοίταξε προσεκτικά το πρόσωπό μου. «Μαμά! Γιατί τα μάτια της Πόπι είναι κόκκινα;»

Έμεινα εντελώς ακίνητη κι έβαλα τα δυνατά μου να μην αφήσω να κυλήσουν δάκρυα, αλλά δεν τα κατάφερα, και σε λίγο, απ' την προσπάθειά μου να μην ακουστούν λυγμοί, ένιωσα να πνίγομαι.

«Τη ζώνη ασφαλείας, Στήβι! Τώρα!» είπε η μαμά.

Ο Στήβι έπεισε την Τζασμίν να παίξουν πόλεμο με τα δάχτυλα σ' ολόκληρη την υπόλοιπη διαδρομή προς το σπίτι, έτσι, για καλή μου τύχη δεν χρειάστηκε να μιλήσω. Ωστόσο, αισθανόμουν το βλέμμα της μαμάς που με κοίταζε απ' το πλάι. Σε μια στιγμή που δεν μ' έβλεπε, κατάφερα να διώξω τα δάκρυά μου, ανοιγοκλείνοντας τα μάτια μου και μετά συγκεντρώθηκα έντονα σ' αυτό που είχε πει η Τζασμίν. Ίσως και να 'χε δίκιο. Μπορεί η μις Κοραλί να άλλαζε γνώμη.

Την ώρα που η μαμά ετοίμαζε το τσάι, η Τζασμίν κι εγώ καθόμαστε στο δωμάτιό μου.

«Δεν ξέρω τι θα πει ο μπαμπάς», είπε η Τζασμίν.

«*Ο δικός σου* μπαμπάς;»

Κούνησε το κεφάλι. «Μισεί το μπαλέτο, ξέρεις».

«Ναι, αλλά σ' αφήνει να κάνεις μαθήματα, έτσι δεν είναι;»

«Προς το παρόν δεν τον πειράζει, γιατί δεν έχει ιδέα πόσο πολύ γυμνάζομαι και πόσο το λατρεύω».

«Θα θυμώσει που θα πάρεις μέρος στον διαγωνισμό;»

«Μπορεί να μη με αφήσει να παρακολουθήσω τα επιπλέον μαθήματα, οπότε δεν θα μπορέσω να πάρω μέρος στον διαγωνισμό».

«Αχ! Όχι!»

Στενοχωρήθηκα τόσο πολύ για την καημένη την Τζασμίν.

«Δεν μπορείς να ζητήσεις απ' τη μαμά σου να μην του το πει;»

Τα μάτια της Τζασμίν σκοτείνιασαν, καθώς κουνούσε αρνητικά το κεφάλι της.

Μόλις το είπα, κατάλαβα πως ήταν ανόητη ιδέα. Ο μπαμπάς της Τζασμίν είναι πολύ αυστηρός. Η Τζασμίν μού είπε ότι της επέτρεπαν να συνεχίσει το μπαλέτο μέχρι τα έντεκα, αλλά μετά ο μπαμπάς της ήθελε ν' αφοσιωθεί στα μαθήματα του σχολείου και στο πιάνο.

«Δεν θα είσαι για πολύ έντεκα, Τζασμίν. Γι' αυτό, σίγουρα δεν θα τον πειράξει τον μπαμπά σου».

Έβγαλε έναν βαθύ αναστεναγμό. «Θα πρέπει να βεβαιωθώ ότι δεν έχει καταλάβει πόσο πολύ προπονούμαι για το μπαλέτο. Διαφορετικά, θ' αρχίσει να λέει συνέχεια ότι παραμελώ τα μαθήματά μου και πως είναι αφύσικο να κάνεις όλα αυτά τα τεντώματα και να γυρίζεις τα πόδια προς τα έξω κι όλα τα σχετικά».

«Καλύτερα από το να τα γυρίζεις προς τα *μέσα*».

Ήξερα ότι ακουγόμουνα λίγο καυστική, αλλά δεν μπορούσα να κάνω διαφορετικά. Βάλθηκα και πάλι να σκέφτομαι τη Ρόουζ.

«Στην αρχή στενοχωρήθηκα για τη Ρόουζ Μπέντφορντ, αλλά τώρα μου πέρασε. Μακάρι η μις Κοραλί να την είχε βάλει δίπλα σε κάποια που να είναι καλή στα βήματα, τότε δεν θα πείραζε αν τους ενοχλούσε».

«Άσε τώρα τη Ρόουζ κι έλα να δοκιμάσουμε τα καινούρια βήματα», είπε η Τζασμίν και πετάχτηκε πάνω.

Αλλά μέχρι να πεις κύμινο, η πόρτα του δωματίου μου άνοιξε και πίσω της φάνηκε ο Στήβι με ένοχο ύφος: «Έτοιμο το τσάι».

«Κρυφάκουγες έξω απ' την πόρτα μου, Στήβι;»

«Άκουσα μονάχα όσα λέγατε για τη Ρόουζ Μπέντφορντ. Τι έκανε;»

«Τίποτα», είπα.

Αλλά την ίδια στιγμή μίλησε και η Τζασμίν: «Μπέρδεψε την Πόπι και τώρα δεν μπορεί να πάρει μέρος στον διαγωνισμό».

Ο Στήβι ούτε που την άκουσε.

«Είναι άπαιχτη, πραγματικά άπαιχτη».

Η Τζασμίν τον κοίταξε μπερδεμένη. «Τι εννοείς;»

«Ο Στήβι θεωρεί ότι όποιος παίζει με τον Άρτσι Κουκ είναι "άπαιχτος"», είπα ειρωνικά.

«Ποιος είναι ο Άρτσι Κουκ;»

«Ο καλύτερος ποδοσφαιριστής σ' ολόκληρο το σχολείο», είπε ο Στήβι. «Καμιά φορά μ' αφήνει και παίζω μαζί του. Λέει ότι για δευτεράκι είμαι αρκετά καλός».

«Ελάτε όλοι. Θα κρυώσει το τσάι!» ακούστηκε η φωνή της μαμάς από κάτω.

Μόλις ο αδερφός μου έφυγε τρέχοντας, η Τζασμίν πέρασε το χέρι της γύρω από τον ώμο μου.

«Θα δουλέψουμε τα καινούρια βήματα μετά το τσάι. Εντάξει;»

«Εντάξει, αλλά δεν νομίζω ότι θ' αλλάξει τίποτε», είπα άκεφα.

«Θα αλλάξει!» είπε η Τζασμίν. Κατόπιν σήκωσε τον αντίχειρά της στον αέρα. «Έλα, λοιπόν!»

Ακούμπησα τον αντίχειρά μου πάνω στον δικό της, έκλεισα τα μάτια μου κι έκανα τη μυστική ευχή μου:

«Κάνε, Θεούλη μου, ν' αλλάξει γνώμη η μις Κοραλί την ερχόμενη βδομάδα...»

5 Όλα ήταν ένα Θέμα!

Την άλλη μέρα στο σχολείο ήταν πολύ ευχάριστα, γιατί στο μάθημα της Γλώσσας ακούγαμε μουσική που θα μας βοηθούσε να γράψουμε την Έκθεσή μας.

Η δεσποινίς Μόρισον έπαιξε το πιο αγαπημένο μου μουσικό κομμάτι στον κόσμο – *το Βαλς των Λουλουδιών,* από *τη Σουίτα* του *Καρυοθραύστη.*

Βγήκα στο διάλειμμα τελευταία, γιατί ήθελα να αποτελειώσω αυτό που έγραφα. Μόλις είχα βγει από την πόρτα της πέμπτης τάξης, όταν είδα τη Ρόουζ Μπέντφορντ παρέα με τον Τομ Πριστ και τον Άρτσι Κουκ.

Ένιωσα μεγάλο ξάφνιασμα όταν η Ρόουζ άρχισε να μου μιλάει σαν να ήμασταν οι καλύτερες φίλες.

«Γεια. Σε περιμένω ώρες. Υπέθεσα ότι είχες φύγει».

Στο πρόσωπο του Τομ Πριστ απλώθηκε ένα απαίσιο χαμόγελο.

«Παρακολουθείς μαθήματα μπαλέτου;» με ρώτησε.

Προσπάθησα να μη φανώ ενοχλημένη. «Ναι. Πειράζει;»

Ο Άρτσι Κουκ σήκωσε τα χέρια του στην πέμπτη ποζισιόν –τουλάχιστον αυτό που *εκείνος* πίστευε ότι είναι η πέμπτη ποζισιόν– και άρχισε να στριφογυρίζει στις μύτες, σαν μπαλαρίνα σε μουσικό κουτί.

Δεν είπα τίποτα, απλώς ξεκίνησα να φύγω.

«Μην τους δίνεις σημασία. Κάνουν βλακείες», είπε η Ρόουζ. Συνέχισα να περπατάω, γιατί δεν ήθελα να μιλήσω στη Ρόουζ.

Εκείνη, όμως, με είχε πάρει από πίσω. «Τσατίστηκες που δεν σε διάλεξαν για τον διαγωνισμό;» ρώτησε.

Μου 'ρθε να γυρίσω και να της φωνάξω, «*Εσύ φταις για όλα!*» Δεν τόλμησα, όμως, κι έτσι κούνησα απλώς το κεφάλι και επιτάχυνα το βήμα μου.

Είχα δει τις φιλενάδες μου, τη Μία και την Άλις, στην άλλη μεριά του προαυλίου.

Η Ρόουζ μίλησε και πάλι: «Στο τέλος του τριμήνου, τα παρατάω. Δεν μου αρέσει».

Αυτό μ' έκανε να στραφώ προς τα πίσω. «Τότε γιατί το κάνεις;»

«Με πιέζει η μαμά μου, γιατί είναι το δώρο της γιαγιάς μου για τα γενέθλιά μου».

«Τι εννοείς;»

«Το δώρο μου ήταν ένα τρίμηνο μαθήματα μπαλέτου, παρόλο που ήξερε ότι το μισώ».

«Και για ποιο λόγο σού έκανε δώρο μαθήματα μπαλέτου, εφόσον ήξερε ότι δεν σου αρέσει το μπαλέτο;»

«Πιστεύω ότι θέλει να σταματήσω να φέρομαι σαν αγοροκόριτσο και ν' αρχίσω να φοράω φούστες και τα σχετικά».

Στο σχολείο μας, τα κορίτσια επιτρέπεται να φοράνε παντελόνια. Δεν μπορούσα να φανταστώ τη Ρόουζ να φοράει φούστα, ακόμα κι αν έκανε μαθήματα μπαλέτου εκατό χρόνια.

«Ώστε, δηλαδή, τα παρατάς οριστικά;»

Το ξέρω, ήταν απαίσιο από μέρους μου, αλλά ήθελα να είμαι βέβαιη ότι δεν θα χρειαζόταν να την ανεχθώ για περισσότερο από ένα τρίμηνο.

«Ναι». Ξαφνικά έκανε ένα πήδημα και χτύπησε τα πόδια της στον αέρα. «Καλά το κάνω;»

Δεν το 'κανε καλά, αλλά κούνησα το κεφάλι καταφατικά και στράφηκα να φύγω, γιατί η Μία και η Άλις μού κουνούσαν τα χέρια να πάω κοντά τους.

Η Ρόουζ με άρπαξε από το μπράτσο. «Πόπι! Μπορείς να μου δείξεις πώς να το κάνω σωστά;»

Για να είμαι ειλικρινής δεν είχα καμιά όρεξη, σκέφτηκα όμως ότι αν ίσως της το έδειχνα στα γρήγορα, θα με άφηνε στην ησυχία μου.

«Λοιπόν, ξεκινάς έτσι. Εντάξει;» Αντέγραψε την τρίτη στάση μου αρκετά καλά. «Κατόπιν, λυγίζεις τα πόδια προς τα έξω και πλάι...» Ο ήχος από ένα έντονο κοροϊδευτικό ρουθούνισμα από την άλλη άκρη του αυλόγυρου έκανε εμένα και τη Ρόουζ να γυρίσουμε τα κεφάλια την ίδια ακριβώς στιγμή.

Ο Άρτσι και ο Τομ στέκονταν δίπλα στις βρύσες σκασμένοι στα γέλια, δείχνοντας προς το μέρος μου.

«Ε! Εσείς οι δυο! Βγάλτε το σκασμό!» φώναξε η Ρόουζ.

Μόλις όμως ξαναγύρισε προς το μέρος μου, είδα ότι χαμογελούσε σαν παλαβή. «Λοιπόν. Και τι κάνεις μετά;»

Ξαφνικά, συνειδητοποίησα ότι τα πόδια μου ήταν ακόμα λυγισμένα σε *πλιέ,* κάτι που πρέπει να φαινόταν εντελώς γελοίο. Και τότε, μου ήρθε στο μυαλό μια τρομερή σκέψη: *«Βάζω στοίχημα ότι η Ρόουζ με κορόιδεψε και μου ζήτησε να της δείξω τα βήματα μόνο και μόνο για να σπάσουν πλάκα οι φίλοι της».*

Τη στιγμή εκείνη, μίσησα τη Ρόουζ Μπέντφορντ μ' όλη μου την καρδιά.

6 Βάζοντας τον Αέρα στον Χορό!

Το Σάββατο το απόγευμα πήγα στο σπίτι της Τζασμίν. Ο πατέρας της έλειπε. Ήμουν πολύ χαρούμενη που δεν βρισκόταν εκεί, γιατί τον φοβάμαι. Δεν είναι αυστηρός μόνο σε ό,τι έχει σχέση με το μπαλέτο. Δεν του αρέσει ούτε να παίζουμε με τους φίλους μας ούτε να βλέπουμε τηλεόραση.

Η μαμά της Τζασμίν δεν τον φτάνει σε αυστηρότητα ούτε στο μισό. Υποθέτω ότι είχε καταλάβει πως η Τζασμίν κι εγώ θα κάναμε πρόβα στο δωμάτιο της Τζασμίν, εκείνη όμως είπε μόνο: «Λυπάμαι που στενοχωρήθηκες τόσο πολύ σχετικά με τον διαγωνισμό, Πόπι».

Μου άρεσε ο ευγενικός τρόπος με τον οποίο μου μίλησε η μαμά της Τζασμίν. Είναι Γαλλίδα κι έχει πολύ χαριτωμένη προφορά. Μόλις μείναμε μόνες, ρώτησα την Τζασμίν αν είχε ενοχληθεί ο μπαμπάς της με το επιπλέον μάθημα.

«Τον πείραξε λιγάκι, αλλά, δόξα τω Θεώ, μου επέτρεψε να το παρακολουθήσω».

«Τζασμίν! Αυτό είναι υπέροχο! Άρχισες να δουλεύεις τον χορό για τον διαγωνισμό;»

Τα μάτια της άστραψαν. «Ναι. Γι' αυτό ρώτησα τη μαμά, αν μπορείς να έρχεσαι κάπου κάπου. Βλέπεις, σκέφτηκα ότι θα μπορούσα να σου δείξω το κομμάτι που μάθαμε, έτσι ώστε να το γνωρίζεις καλά όταν η μις Κοραλί θ' αρχίσει να το διδάσκει σ' ολόκληρη την τάξη την Τρίτη. Και τότε, θ' αλλάξει εντελώς γνώμη σχετικά με τον διαγωνισμό!»

Το υπνοδωμάτιο της Τζασμίν είναι πολύ μεγαλύτερο από το δικό μου, αλλά το κάναμε ακόμα πιο ευρύχωρο, σηκώνοντας τα πράγματα από το πάτωμα και βάζοντας τη σάκα της πάνω στο κρεβάτι. Φορέσαμε τη στολή του μπαλέτου και κάναμε μια καλή προθέρμανση, για να μην πάθουμε καμιά θλάση. Μετά, κάναμε πρόβα ώρες ατέλειωτες, μέχρι να σιγουρευτούμε ότι μπορούσα να κάνω τέλεια και το παραμικρό βήμα της χορογραφίας...

«Ωραία», είπε η Τζασμίν. «Και τώρα, πάμε ολόκληρη τη σειρά».

Έτσι, δουλέψαμε και πάνω σ' αυτό. Αλλά δεν το περάσαμε απλώς. Προσθέσαμε μερικά κομμάτια, για να το κάνουμε ακόμα πιο ενδιαφέρον.

«Δεν του βάζουμε και μουσική;» πρότεινε ξαφνικά η Τζασμίν.

«Ναι! *Το Βαλς των Λουλουδιών*».

Χρειάστηκε να επιταχύνουμε λίγο τον ρυθμό μας, αλλά ήταν πολύ ευχάριστο.

«Μπορεί να σου φανεί αστείο, αλλά δεν αισθάνεσαι σαν ν' άλλαξε η ατμόσφαιρα σ' αυτό το δωμάτιο; Χορέψαμε τόσο πολύ, που ο αέρας μοιάζει σαν να στροβιλίζεται ακόμα».

Λέγοντας αυτά τα λόγια, αισθάνθηκα λίγο ανόητη, όμως έτσι ένιωθα μέσα μου.

Η Τζασμίν κούνησε καταφατικά το κεφάλι και σάλεψε τα δάχτυλά της, σαν να δοκίμαζε τον αέρα. Μετά, σταμάτησε και είπε: «Να ζητήσουμε απ' τη μαμά να έρθει να μας δει;»

Τη στιγμή εκείνη, ένα χτύπημα ακούστηκε στην πόρτα.

«Υπέροχα! Ήρθε μόνη της!» είπε η Τζασμίν, ανοίγοντας την πόρτα. «Μαμά, θέλεις...»

Όμως, δεν ήταν η μαμά της Τζασμίν. Ήταν ο μπαμπάς της. Ένα πλατύ χαμόγελο απλωνόταν στο πρόσωπό του. Μόλις, όμως, είδε ότι βρισκόμουν εκεί κι ότι φορούσαμε κι οι δυο τις φόρμες του χορού, το χαμόγελό του άρχισε να σβήνει.

«Γεια σου, μπαμπά!» είπε η Τζασμίν, αγκαλιάζοντάς τον σφιχτά.

«Γεια σας, γιατρέ Έιντ», είπα. Η φωνή μου, όμως, δεν βγήκε κανονικά, γιατί είχα τρακ, κι έτσι ακούστηκε σαν να είχα πει, «Γεια σας, γιατέιντ».

«Τι κάνετε εσείς οι δυο, εδώ πέρα;»

«Απλώς... χορεύουμε...», είπε η Τζασμίν.

Ακουγόταν το ίδιο τρακαρισμένη με *μένα.*

Πρέπει να είναι πολύ παράξενο να φοβάσαι τον μπαμπά σου, όπως η Τζασμίν. Χαίρομαι που δεν φοβάμαι τον δικό μου.

«Αυτό το βλέπω και μόνος μου. Τι ακριβώς χορεύετε, όμως;»

«Φτιάχνουμε ένα δικό μας χορευτικό, έτσι, για πλάκα».

Ο δόκτωρ Έιντ συνοφρυώθηκε, σάμπως η Τζασμίν να είχε πει κάτι σε μια εντελώς άγνωστη ξένη γλώσσα.

«Χμ...» Μετά της χαμογέλασε με μισή καρδιά, με τον τρόπο που σου χαμογελούν οι μεγάλοι όταν έχουν να πουν κάτι δυσάρεστο, αλλά το φυλάνε για αργότερα.

«Νομίζω ότι σε λίγο το τσάι θα είναι έτοιμο».

Μόλις έφυγε, ο αέρας έπαψε να στροβιλίζεται κι εγώ έμεινα εντελώς ακίνητη. Έτσι, καθίσαμε στο κρεβάτι της Τζασμίν και της μίλησα σχετικά με τη Ρόουζ.

«Θα έλεγα ότι με έβαλε να της δείξω τα άλματα, για να κάνει τ' αγόρια να γελάσουν, Τζασμίν».

«Αυτό ήταν απαίσιο από μέρους της».

«Το ξέρω, αλλά της το ανταπόδωσα, γιατί όταν προσπάθησε να καθίσει στο τραπέζι μου το μεσημέρι, φρόντισα να μην υπάρχει χώρος κοντά μου».

«Ωραία! Κι έτσι θα κατάλαβε!»

«Το ξέρω. Και την επόμενη μέρα, άρχισε να μου μιλάει στο προαύλιο, αλλά ήταν μαζί της ο Άρτσι κι ο Τομ κι έτσι δεν της απάντησα καν. Νομίζω πως έχει καταλάβει ότι δεν θέλω να είμαστε φίλες, γιατί σήμερα δεν με πλησίασε καθόλου».

«Αυτό σημαίνει ότι τουλάχιστον θα σ' αφήσει στην ησυχία σου στο μπαλέτο την επόμενη βδομάδα».

Δεν μπόρεσα να μη νιώσω μια ευχάριστη έξαψη, που όμως κράτησε μόνο για ένα δευτερόλεπτο – κι αμέσως μετά, το σώμα μου ξεφούσκωσε, σαν σκασμένο μπαλόνι.

«Έτσι κι αλλιώς, τίποτε δεν πρόκειται ν' αλλάξει».

«Και βέβαια θ' αλλάξει», είπε η Τζασμίν. «Θα αναγκάσουμε τη μις Κοραλί ν' αλλάξει γνώμη. Πάει και τελείωσε!»

«Το πιστεύεις αυτό, *στ' αλήθεια;*»

«Και βέβαια το πιστεύω».

Αυτή τη φορά, ένιωσα το στήθος μου να φουσκώνει από έναν ενθουσιασμό που δεν έσκασε σαν μπαλόνι – αντιθέτως, έλαμψε σαν λαμπρός, καλοκαιριάτικος ήλιος.

7 Γύρω Γύρω Όλοι...

Την Τρίτη, όσο προχωρούσε η μέρα, τόσο μεγάλωνε η ανυπομονησία μου.

Πάντα είμαι έτσι κάθε Τρίτη, γιατί μετά το σχολείο έχω μάθημα μπαλέτου. Θα 'θελα να έχω μπαλέτο κάθε μέρα, μετά το σχολείο. Αλλά ειδικά *αυτή* η Τρίτη, ήταν ακόμα πιο σημαντική. Την είχα βαφτίσει «Η Τρίτη της Τελευταίας Ευκαιρίας».

Στο πρώτο διάλειμμα βγήκα τρέχοντας από την τάξη μαζί με τη Μία και την Άλις, αλλά μόλις άκουσα τη φωνή της Ρόουζ πίσω μου, σταμάτησα.

«Γεια σου, Πόπι!»

«Ορίστε;» ρώτησα γυρίζοντας το κεφάλι μου.

Μόλις την είδα έπαθα σοκ. Στεκόταν με εντελώς ίσια πλάτη, είχε τσιτώσει τα μαλλιά της προς τα πίσω και δεν ξέφευγε ούτε τρίχα. Στο πρόσωπό της έλαμπε ένα χαμόγελο περηφάνιας.

«Σήμερα, σκέφτηκα να ετοιμαστώ εγκαίρως, για να μην αργήσω. Κοίτα!»

Γύρισε την πλάτη της και είδα πως είχε μαζέψει την αλογοουρά της σε κότσο και την είχε στερεώσει με τσιμπιδάκια.

Δεν ήξερα τι να πω. Το πρόβλημα ήταν ότι αν της φερόμουν ευγενικά και φιλικά, η Ρόουζ θ' άρχιζε και πάλι να μιλάει την ώρα του μαθήματος και θα 'ταν τρομερό αν μ' έκανε να μπερδευτώ ξανά.

Έτσι, είπα μονάχα ένα «Ω, ναι», με την ελπίδα ότι θα φύγει. Αλλά εκείνη δεν έφυγε. Και, για να γίνουν τα πράγματα δυο φορές χειρότερα, εμφανίστηκε μια παρέα από χαμογελαστά αγόρια.

Σχημάτισαν έναν κύκλο γύρω μας, κι εγώ ένιωσα λίγο φοβισμένη που στεκόμουν στο κέντρο, με τη Ρόουζ δίπλα μου.

«Η Ρόουζ το παίζει κορίτσι!» είπαν κοροϊδευτικά ο Τομ και ο Άρτσι.

«Η Ρόουζ το παίζει κορίτσι!»

«Δεν το παίζω *καθόλου!*» τσίριξε η Ρόουζ, τεντώνοντας τον λαιμό της και φτύνοντας σχεδόν απ' το κακό της. «Εξαφανιστείτε όλοι από τα μάτια μου!»

Αυτοί, όμως, δεν εξαφανίστηκαν...

Για να είμαι ειλικρινής, έτσι μου 'ρχόταν να το σκάσω και ν' αφήσω τη Ρόουζ να τα βγάλει πέρα με τ' αγόρια, κάτι όμως με σταματούσε. Ήταν πραγματικά παράξενο, αλλά η Ρόουζ καλοχτενισμένη και με περιποιημένο κότσο, έμοιαζε σαν ένα τελείως διαφορετικό κορίτσι από τη Ρόουζ το αγοροκόριτσο. Και θα αισθανόμουν απαίσια έτσι και άφηνα την καινούρια Ρόουζ μόνη με αυτά τα παλιόπαιδα.

«Σε σένα μιλάω, μικρή μου μπαλαρίνα!» είπε ο Άρτσι με λεπτή φωνή.

«Σ' εσένα, με τον κατσιασμένο κότσο», είπε ο Τομ.

Τα άλλα αγόρια έβαλαν τα γέλια και άρχισαν να περπατάνε γύρω γύρω στις μύτες των ποδιών, με λυγισμένα γόνατα και τα χέρια ψηλά, μια και αυτά είναι τα μοναδικά βήματα που ξέρουν τ' αγόρια από το μπαλέτο.

«Η Ρόουζ η ναζιάρα, θα γίνει μπαλαρίνα».

«Η Ρόουζ η ναζιάρα, θα γίνει μπαλαρίνα!» τραγούδησαν όλοι μαζί κοροϊδευτικά.

«Δεν πρόκειται να γίνω *τίποτα!* Και μη με λέτε έτσι!» τσίριξε η Ρόουζ.

Αυτό τούς έκανε ν' αρχίσουν να τραγουδάνε ακόμη πιο δυνατά. «Η Ρόουζ η ναζιάρα...!»

Κατάλαβα ότι είχε γίνει πραγματικά έξαλλη. Κοίταζε τα αγόρια, έτοιμη να εκραγεί από θυμό.

Κι έπειτα, μεμιάς, έβαλε τα χέρια της στο πίσω μέρος του κεφαλιού της κι άρχισε να τραβάει δυνατά.

Μερικά κοκαλάκια έπεσαν απ' τα μαλλιά της στο έδαφος. Μετά, έβγαλε απότομα το λαστιχάκι από την αλογοουρά της. Το έκανε τόσο άγρια, που θα πρέπει να πόνεσε πολύ.

Κούνησε το κεφάλι της δυνατά για λίγα λεπτά, μέχρις ότου τα μαλλιά της απλώθηκαν στους ώμους της, ξαναγυρίζοντας έτσι στη συνηθισμένη της εμφάνιση.

Τ' αγόρια σταμάτησαν να περπατάνε γύρω γύρω κι απόμειναν να την κοιτάζουν.

Τους κοίταξε κι εκείνη με βλέμμα σκοτεινό και μάτια που έβγαζαν αστραπές πάνω στο πανιασμένο από θυμό πρόσωπό της κι είπε με φωνή ειρωνική:

«Τι έγινε; Χάλασε το κασετόφωνο;»

Κατόπιν, έριξε μια γροθιά στο μπράτσο του Τομ και την ώρα που εκείνος το έσφιγγε, πέρασε σπρώχνοντάς τον από δίπλα του κι απομακρύνθηκε γελώντας.

«Έρχομαι να σε πιάσω, Ρο. Περίμενε και θα δεις».

Ο Τομ έτρεξε γελώντας βροντερά πίσω από τη Ρόουζ, ενώ εγώ απόμεινα όρθια εκεί πέρα.

Ο Άρτσι Κουκ έδειξε το πρόσωπό μου κι άρχισε να τραγουδάει ένα καινούριο κοροϊδευτικό τραγούδι:

«Η Πόπι είναι ψώνιο!»

Αμέσως τον ακολούθησαν και οι υπόλοιποι.

«Η Πόπι είναι ψώνιο!»

«Η Πόπι είναι ψώνιο!»

«*Δεν* είμαι!» είπα, προσπαθώντας ν' ακουστώ δυνατή και κοφτή όπως η Ρόουζ, αλλά δεν τα κατάφερα.

Ένα αγόρι, με το όνομα Ντίλον, άρχισε να μου μιλάει ειρωνικά: «Τότε, γιατί κάνεις μαθήματα μπαλέτου;»

«Ναι, γιατί;» ρώτησε κι ο Άρτσι γελώντας.

Πήρα μια βαθιά ανάσα, για ν' ακουστεί η φωνή μου πιο δυνατή. «Δεν είμαι η μοναδική», είπα:

«Ψιτ! Να σου πω! Η Ρόουζ μού είπε πώς λένε τη δασκάλα», είπε ο Ντίλον χαμογελώντας στους υπόλοιπους που με είχαν κυκλώσει. «Μις Κοραλί!»

Τότε ο Άρτσι άρχισε να περπατάει στις μύτες των ποδιών, με εντελώς γελοίο τρόπο, και να λέει:

«Πο, πο, πο,
πο, πο, πο,
τι χορεύτρια είμαι εγώ!
Κι έχω κότσο το μαλλί
Δείτε με, μις Κοραλί!»

Ένιωθα τον σφυγμό μου να χτυπάει στον λαιμό μου. Αυτό σήμαινε ότι από στιγμή σε στιγμή θα 'βαζα τα κλάματα, έτσι κατάλαβα ότι έπρεπε να βγω από τον κύκλο αμέσως.

«Αχ, Θεούλη μου. Κάνε να έρθουν η Μία και η Άλις να με σώσουν». Τις έβλεπα να μιλάνε με τη δασκάλα στην ακριανή γωνία της αυλής. Τους χαμογελούσε και κούναγε το κεφάλι της.

Πίεσα δυνατά τους αντίχειρές μου μεταξύ τους.

«Κάνε, Θεούλη μου, να κοιτάξουν προς τα εδώ! Κάνε, Θεούλη μου, να κοιτάξουν προς τα εδώ!»

Αλλά δεν κοίταξαν.

Ο Άρτσι άρχισε να πηδάει από το ένα πόδι στο άλλο, τεντώνοντας τα δάχτυλά του, με εντελώς άχαρο τρόπο. Δεν μπορούσα ν' αντέξω ούτε ένα λεπτό παραπάνω. Για μια φορά στη ζωή μου, έπρεπε να φερθώ όπως η Ρόουζ. Αυτός ήταν ο μοναδικός τρόπος για να μπορέσω να ξεφύγω. Πριν αλλάξω γνώμη, έδωσα στον Άρτσι μια γερή σπρωξιά στο στήθος και πέταξα μια φράση που είχα ακούσει μια φορά στην τηλεόραση: «Άντε βούλωσ' το, ρε ούφο!»

Όταν τον είδα να χάνει την ισορροπία του και να πέφτει κάτω, έπαθα σοκ.

«Μπου, χου, χου. Έσπασα το χέρι μου», έσκουξε.

Όλα τ' αγόρια ηρέμησαν κι ένα από αυτά έσκυψε πάνω από τον Άρτσι.

«Είσαι εντάξει;» τον ρώτησε.

Ο Άρτσι κρατούσε σφιχτά τον καρπό του κι άφηνε μικρά γρυλίσματα, καθώς κοίταζε το χέρι του, με πρόσωπο κατακόκκινο από θυμό. Ευχήθηκα να μπορούσα να γυρίσω πίσω τον χρόνο και να διαγράψω τη σπρωξιά μου.

«Τι τρέχει εδώ πέρα;»

Η κυρία Άπλετον πλησίαζε με μεγάλα βήματα, θυμωμένη. Τη στιγμή εκείνη, ένιωσα να μου κόβεται η ανάσα.

«Η Πόπι έσπρωξε τον Άρτσι», είπε ο Ντίλον, ρίχνοντάς μου ένα άγριο βλέμμα.

«Λυπάμαι», είπα, αλλά καθώς το στόμα μου είχε στεγνώσει από τη σύγχυση, η φωνή μου μόλις που ακούστηκε.

Η κυρία Άπλετον είχε σκύψει πάνω από τον Άρτσι και του μιλούσε με ύφος παρηγορητικό.

«Προσπάθησε να το κουνήσεις πολύ απαλά, χρυσό μου. Ωραία! Σε πονάει όταν το κάνεις αυτό;»

«Άααχ!» έσκουξε ο Άρτσι. «Πονάει πολύ!»

Η κυρία Άπλετον κούνησε το κεφάλι. «Έλα τώρα. Προσπάθησε να σηκωθείς όρθιος. Τουλάχιστον δεν έχει σπάσει».

«Με πονάει και η πλάτη μου», είπε ο Άρτσι με κλαψιάρικη φωνή, ρίχνοντάς μου μια απειλητική ματιά. «Και το στήθος μου...»

Ξαφνικά, η κυρία Άπλετον στράφηκε προς το μέρος μου και με κοίταξε.

«Τι θες να παραστήσεις, Πόπι; Είναι συμπεριφορά αυτή; Φαντάζεσαι τι θα γινόταν αν η δεσποινίς Τσέρι, κάθε φορά που θύμωνε μαζί μου, μ' έριχνε κάτω! Νομίζεις ότι έτσι θα λύναμε κανένα πρόβλημα;»

Κούνησα το κεφάλι μου, προσπαθώντας να βρω να πω κάτι που θα έδειχνε στην κυρία Άπλετον ότι δεν ήμουν και τόσο κακιά.

«Έεε, ξέρετε... το πρόβλημα είναι... ο Άρτσι είπε ότι το μπαλέτο είναι βλακεία».

«Λοιπόν, να με συγχωρείς, Πόπι, αλλά δεν νομίζω πως αυτός είναι λόγος για να τον σκοτώσεις!

Το καημένο το παιδί, χτύπησε τον καρπό του και πιθανότατα έχει μώλωπες και... στα οπίσθια».

«Πονάω πάρα πολύ, κυρία», είπε ο Άρτσι, κρατώντας σφιχτά τα πισινά του και μορφάζοντας.

Η κυρία Άπλετον πέρασε το χέρι της γύρω από τον ώμο του, λέγοντάς του ήρεμα ότι σίγουρα ο καρπός του δεν είχε σπάσει κι έπειτα απότομα μου είπε:

«Τι πρέπει να πεις τώρα στον Άρτσι;»

Έπιασα το βλέμμα του Στήβι, ο οποίος στεκόταν πλάι στο διχτυωτό και είχε παρακολουθήσει όσα είχαν συμβεί.

«Λυπάμαι», ψιθύρισα για δεύτερη φορά, με πρόσωπο κατακόκκινο, σαν τομάτα.

«Το ίδιο λέω κι εγώ. Στις μέρες μας υπάρχει πολλή επιθετικότητα, κι εμείς, σ' αυτό εδώ το σχολείο, δεν το δεχόμαστε αυτό. Και τώρα, Πόπι, πήγαινε».

Δεν κοίταξα κανέναν. Απλώς, έτρεξα προς τη Μία και την Άλις, με όση ταχύτητα μου επέτρεπαν τα τρεμάμενα πόδια μου.

Την ώρα του φαγητού, κανένας δάσκαλος δεν με αγριοκοίταξε κι έτσι σταμάτησα να σκέφτομαι τον Άρτσι Κουκ και τους απαίσιους φίλους του και αντί γι' αυτό συγκεντρώθηκα στο μπαλέτο. Η μεγάλη τρεμούλα μ' έπιασε στο απογευματινό διάλειμμα.

Αποφάσισα να πάω στο βεστιάριο και να κάνω μια γρήγορη επανάληψη στα βήματα του τελευταίου μαθήματος. Δεν έβλεπα την ώρα να δείξω στη μις Κοραλί ότι μπορούσα να τα κάνω ήδη τέλεια, πριν ακόμη εκείνη αρχίσει να χτενίζει αυτά που είχαμε μάθει την προηγούμενη βδομάδα.

Το πρώτο πράγμα που έκανα μόλις μπήκα στο βεστιάριο, ήταν να στηριχτώ στον νιπτήρα και να κάνω ένα *πλιέ.* Μ' αρέσει να παριστάνω ότι ο νιπτήρας είναι η μπάρα, γιατί έχει ακριβώς το ίδιο ύψος.

Τραγουδούσα πολύ απαλά τη μουσική για τα *πλιέ,* κι έκανα ακόμα ένα, με μέτωπο προς την άλλη πλευρά, για να το πετύχω ακριβώς ίδιο.

Τη στιγμή που τέντωνα τα πόδια μου, άκουσα έναν ανεπαίσθητο θόρυβο να έρχεται από τις τουαλέτες. Κοίταξα τις κλειδαριές και στις πέντε πόρτες. Η μια απ' αυτές ήταν γυρισμένη στο κόκκινο. Αυτό σήμαινε ότι κάποιος βρισκόταν μέσα. Ένιωσα λίγο ανόητη, γιατί θα πρέπει να με είχε ακούσει να τραγουδάω, κι έτσι αποφάσισα να πάω κι εγώ στην τουαλέτα, και να βγω όταν ο άλλος θα είχε φύγει. Το κακό ήταν ότι δεν μπορούσα να μπω στην τάξη να χορέψω, γιατί δεν μας επιτρέπουν να καθόμαστε μέσα κατά τη διάρκεια του διαλείμματος, παρά μόνο όταν βρέχει.

Όταν άκουσα το καζανάκι να τρέχει, σκέφτηκα. *«Ωραία! Επιτέλους, φεύγει!»* Μέτρησα μέχρι το είκοσι κι έπειτα τράβηξα το δικό μου καζανάκι και ξαναβγήκα στο βεστιάριο. Ευτυχώς, δεν υπήρχε κανένας εκεί.

Πέρασα τα βήματα τέσσερις φορές κι έπειτα έκανα ολόκληρο τον χορό. Όλη την ώρα μετρούσα, άλλοτε μέσα μου, άλλοτε δυνατά. Αυτό με βοηθούσε να τα κάνω σωστά. Ο ήχος του κουδουνιού που σήμαινε το τέλος του διαλείμματος, μ' έκανε να τιναχτώ – τόσο πολύ είχα χαθεί στο αγαπημένο μου μέρος: τον μικρό μου κόσμο του μπαλέτου...

Πριν φύγω από το βεστιάριο, είπα την προσευχή μου για εκατομμυριοστή φορά. Μόνο που τώρα την είπα δυνατά, για να πιάσει καλύτερα.

«Κάνε, Θεούλη μου, ν' αλλάξει γνώμη η μις Κοραλί και να μ' αφήσει να δώσω εξετάσεις».

8 Βγάζω Μπιμπίκια!

Μετά το σχολείο, ήρθε η μαμά να πάρει εμένα και τον Στήβι. Στεκόταν όπως πάντα στην πόρτα και είχε πιάσει κουβέντα με τη μητέρα του Μαρκ Μέισον. Έτσι, άρχισα να πηγαινοέρχομαι με τη Μία, περιμένοντας με ανυπομονησία να τελειώσει.

Δεν ήθελα να καθυστερήσω ούτε δευτερόλεπτο από το μπαλέτο. Ήθελα να είμαι βέβαιη ότι θα είχα αρκετό χρόνο για να επαναλάβω τα βήματα με την Τζασμίν, πριν ξεκινήσει το μάθημα.

Όταν όμως ξανακοίταξα, έπαθα σοκ, γιατί η μαμά δεν κουβέντιαζε πια με τη μητέρα του Μέισον, αλλά με την κυρία Άπλετον, και έδειχνε πολύ σοβαρή. Η καρδιά μου χοροπήδησε σαν τρελόμπαλα και το σώμα μου σφίχτηκε από το άγχος. Θα πρέπει να μιλούσαν για μένα και τον Άρτσι. Η μαμά θα θύμωνε στ' αλήθεια πάρα πολύ. Μπορούσα, ήδη, να την φανταστώ να με ψέλνει σ' ολόκληρη τη διαδρομή προς το σπίτι. Αυτό είναι το πρόβλημα με τους μεγάλους. Όταν σε μαλώνουν, επιτρέπεται να μιλάνε μονάχα εκείνοι. Κι έτσι και τολμήσεις να τους διακόψεις, σου λένε ότι είσαι αναιδής. Θα έπρεπε να θυμηθώ να πω τη λέξη *«νταηλίκι»* από την αρχή, γιατί μόνο αυτό θα την έκανε να μου δώσει σημασία. Έτσι και την έπειθα να μ' ακούσει, θα της εξηγούσα πώς ακριβώς μου επιτέθηκαν όλοι μαζί.

«Πρέπει να φύγω. Γεια σου, Μία».

«Έλα εδώ, Στήβι. Φεύγουμε», είπε η μαμά μόλις με είδε να πλησιάζω.

«Πόπι, γειάαα! Τα λέμε αύριο!»

Τυχερή που ήταν η Μία. Δεν υπήρχε λόγος να στενοχωρηθεί μήπως την κατσάδιαζαν ούτε κινδύνευε να καταστραφεί ολόκληρη η ζωή της αν δεν την διάλεγαν για τις εξετάσεις χορού.

Μόλις μπήκαμε στο αμάξι, ο Στήβι άρχισε να μιλάει στη μαμά για το ποδόσφαιρο.

«Έπρεπε να μ' έβλεπες, μαμά. Ήμουν άπαιχτος! Ο κύριος Πάλμερ είπε ότι έπαιξα σαν επαγγελματίας. Κι όταν γυρίσαμε στην τάξη, μου έδωσε αυτό το αυτοκόλλητο! Κοίτα! Λέει ότι είμαι αστέρι! Βλέπεις;»

Ο Στήβι έσκυψε μπροστά, χτυπώντας τη μαμά στον ώμο.

«Κάτσε κάτω, Στήβι, και φόρεσε τη ζώνη ασφαλείας. Θα το δω μόλις πάμε σπίτι».

Ωχ! Η μαμά δεν ακουγόταν σε καλή διάθεση, και μπορούσα εύκολα να μαντέψω τον λόγο.

Ο Στήβι δεν φαινόταν να έχει καταλάβει τίποτα. Ήταν φουσκωμένος από την επιτυχία του. «Μαμά, ο κύριος Πάλμερ πάνω στο αυτοκόλλητο έχει γράψει τη λέξη "ποδόσφαιρο". Όποιος το δει, καταλαβαίνει αμέσως ότι *είμαι ποδοσφαιρικός αστέρας*. Πολύ έξυπνο! Μη μου πεις!»

Η φωνή της μαμάς ακούστηκε στριγκή:

«Μπράβο, Στήβι. Συγχαρητήρια. Έχεις δέσει καλά τη ζώνη ασφαλείας σου;»

«Είπε ότι του χρόνου, δίχως άλλο, θα είμαι στην πρώτη ομάδα».

Καμιά απάντηση. Από το σημείο που καθόμουν, μπορούσα να δω το προφίλ της μαμάς. Φαινόταν σαν να έτριζε τα δόντια της. Σίγουρα, απ' το μυαλό της θα περνούσαν οι χειρότερες σκέψεις.

Έτρεμα την επιστροφή στο σπίτι. Το ένα μου μισό ήθελε να τελειώνει με το κατσάδιασμα εδώ και τώρα, αλλά το άλλο πίστευε ότι αν καθόμουν φρόνιμη, η μαμά μπορεί και να το ξεχνούσε.

Μόλις φτάσαμε στο σπίτι ο Στήβι πέταξε τα παπούτσια από τα πόδια του κι έτρεξε να δει Μίκι Μάους, ενώ εγώ όρμησα σαν σίφουνας να φτιάξω τα μαλλιά μου και να ετοιμάσω τα πράγματά μου για το μπαλέτο. Βρισκόμουν στα μισά της σκάλας, όταν η φωνή της μαμάς με σταμάτησε:

«Θέλω να πούμε δυο κουβέντες οι δυο μας, δεσποινίς».

Ένιωσα να βγάζω μπιμπίκια κάτω απ' το φανελάκι μου.

«Για έλα λίγο στην κουζίνα».

Κατέβηκα τα σκαλιά, όσο πιο γρήγορα μπορούσα. Είχα τόση αγωνία να προλάβω το μπαλέτο! Δεν ήταν δυνατόν ν' αργήσω, την πιο σημαντική μέρα της ζωής μου και, αν καθυστερούσαμε έστω και ελάχιστα, θα συναντούσαμε τρομερή κίνηση στον δρόμο.

«Ξέρω τι πρόκειται να μου πεις, μαμά, αλλά, πίστεψέ με, δεν ήταν δικό μου το λάθος. Σου τ' ορκίζομαι, μα τον Θεό. Έφταιγαν ο χοντρο-Άρτσι Κουκ και οι φίλοι του, που άρχισαν να λένε σαχλαμάρες για το μπαλέτο».

«Πόπι! Ως εδώ!»

Άλλη μια στρώση μπιμπίκια έκαναν την εμφάνισή τους πάνω στο κορμί μου.

Η μαμά έβαλε τα χέρια της στη μέση. «Πόπι, η κυρία Άπλετον μου είπε ολόκληρη την ιστορία. Έσπρωξες τον Άρτσι – κι εκείνος έπεσε κάτω και χτύπησε. Δεν μπορώ να πιστέψω ότι η κόρη μου έκανε κάτι τέτοιο. Αναρωτιέμαι τι θα πει ο μπαμπάς σου…»

«Μα…»

«Μη με διακόπτεις! Στις μέρες μας, το πιο εύκολο πράγμα είναι να ρίχνουμε το φταίξιμο στα αγόρια. Σ' αυτή την περίπτωση, όμως, Πόπι, *εσύ* ήσουν ο νταής».

«Δεν ήμουν. Αυτό είναι αδικία!»

«Τι ακριβώς εννοείς "αδικία"; Τον έσπρωξες τον Άρτσι Κουκ – ναι ή όχι;»

«Ν...ναι, αλλά το έκανα γιατί με κορόιδευε». Καταλάβαινα ότι είχα αρχίσει ν' ανεβάζω τον τόνο της φωνής μου, αλλά δεν μπορούσα να κάνω διαφορετικά.

«Κι έπειτα, με είχαν περικυκλώσει και δεν μ' άφηναν να φύγω».

Η μαμά ένωσε τις παλάμες της και τις έβαλε μπροστά στο στόμα της, σμίγοντας τα φρύδια.

«Σε περικύκλωσαν;»

Πίστεψα ότι, επιτέλους, άρχισε να με καταλαβαίνει. Μετά, όμως, το μάτι μου έπεσε στο ρολόι και τσίτωσα ολόκληρη. «Αχ, όχι! Θα καθυστερήσω στο μπαλέτο. Πρέπει να φύγουμε αμέσως, αλλιώς θα σκοτωθώ. Θα σου τα εξηγήσω όλα στο αμάξι. Εντάξει;»

Δεν είχαμε καιρό ούτε για λέξη παραπάνω. Πετάχτηκα έξω και τράβηξα την πόρτα πίσω μου. Για κακή μου τύχη, η πόρτα βρόντηξε.

«Για έλα πίσω γρήγορα!» – αυτή τη φορά, η φωνή της μαμάς ακούστηκε έξαλλη.

«*Σε ικετεύω*! Δεν γίνεται να τα πούμε στο αμάξι;» είπα, περνώντας το κεφάλι μου από την πόρτα της κουζίνας και προσπαθώντας ν' ακουστώ ώριμη κι ευγενική, παρόλο που μου 'ρχόταν να ουρλιάξω.

«Όχι, δεν γίνεται, γιατί δεν πρόκειται να πας στο μπαλέτο!»

Αισθάνθηκα το αίμα ν' αδειάζει από το πρόσωπο, τον λαιμό και το κορμί μου, κι ένιωσα έτοιμη να λιποθυμήσω.

«Μπες μέσα ήρεμα και κλείσε την πόρτα», συνέχισε η μαμά με παγερή φωνή. «Δεν τελείωσα αυτά που έχω να σου πω, σχετικά με το τι συνέβη σήμερα και *δεν* σου επιτρέπω να το σκάσεις, τη στιγμή ακριβώς που βρίσκομαι στη μέση της συζήτησης».

Στεκόμουν εκεί, με σκυμμένο το κεφάλι. Ζούσα τη χειρότερη στιγμή της ζωής μου.

«Μπορώ να έχω ένα σάντουιτς, μαμά;»

Ο Στήβι είχε έρθει τσουλώντας στην κουζίνα, κάτι που κάνει πάντα όταν φοράει μόνο τις κάλτσες του. Συνήθως η μαμά δεν ενοχλείται, σήμερα, όμως, ήταν σε πολύ κακή διάθεση για να το ανεχθεί.

«Θα σου φτιάξω, σ' ένα λεπτό. Αυτή τη στιγμή μιλάω με την Πόπι!»

Ο Στήβι σταμάτησε να κάνει τσουλήθρα και στάθηκε με τα πόδια ανοιχτά. Κατάλαβε ότι κάτι δεν πήγαινε καλά.

«Σαν τι λέτε, δηλαδή;»

Ήμουν έτοιμη να του πω να κοιτάζει τη δουλειά του, όταν ξαφνικά απάντησε μόνος στην ερώτησή του: «Πάω στοίχημα ότι μιλάτε για τον Άρτσι Κουκ».

Σήκωσα τα μάτια μου. Η μαμά συνοφρυώθηκε «Τι ξέρεις εσύ γι' αυτό;»

«Άκουσα την κυρία Άπλετον να σου λέει ότι ο Άρτσι χτύπησε το χέρι του...» Ο Στήβι χαμήλωνε αργά προς το πάτωμα, σαν να έκανε σπαγγάτο, καθώς τα πόδια του άνοιγαν, γλιστρώντας.

Έτσι, τα υπόλοιπα λόγια του ακούστηκαν σαν γρυλίσματα:

«Μόνο... που... δεν... το χτύπησε».

Η μαμά προχώρησε με αποφασιστικά βήματα προς τη μεριά του Στήβι και τον ανάγκασε να σταθεί όρθιος κανονικά. Έπειτα, του σήκωσε το σαγόνι για να τον αναγκάσει να την κοιτάξει. «Κάτσε φρόνιμος και μίλα φυσιολογικά».

Ο Στήβι έκανε ό,τι του είπε. «Είδα τον Άρτσι να γελάει πίσω από την πλάτη της κυρίας Άπλετον, αυτό είναι όλο».

«Να γελάει;»

«Ναι, τη στιγμή που η κυρία μάλωνε την Πόπι».

Γούρλωσα τα μάτια μου. Ήθελα να μη σταματήσει ο Στήβι, κατάλαβα όμως ότι πέθαινε της πείνας, γιατί τα μάτια του είχαν καρφωθεί πάνω στη φραντζόλα του ψωμιού.

«Και πώς ξέρεις ότι ο Άρτσι δεν χτύπησε το χέρι του;» ρώτησε η μαμά.

«Γιατί το κούναγε πέρα-δώθε, κάνοντας επίδειξη και έκανε κοροϊδευτικές γκριμάτσες πίσω από την πλάτη της κυρίας Άπλετον, την ώρα που εκείνη μάλωνε την Πόπι. Και μετά, όταν ξαναγύρισε προς το μέρος του, άρχισε πάλι να παριστάνει πως πονούσε...»

Τώρα, ήρθε η σειρά της μαμάς να γουρλώσει τα μάτια. Έμοιαζαν σαν τεράστια κουμπιά.

Για μερικά λεπτά δεν μπόρεσε να αρθρώσει λέξη, αμέσως μετά, όμως, σαν κάποιος να της έδωσε μια σπρωξιά στην πλάτη, οι λέξεις άρχισαν να βγαίνουν από το στόμα της σαν ριπές πολυβόλου: «Εμπρός, Πόπι! Ετοίμασε τα πράγματά σου, γρήγορα! Θα τα πούμε στο αμάξι».

Ήθελα να σφίξω τον Στήβι στην αγκαλιά μου, αλλά δεν είχα καιρό. Δεν γινόταν να χάσω ούτε ένα λεπτό.

Έπρεπε να φτάσω στο μπαλέτο στην ώρα μου.

9 Η Τελευταία Ευκαιρία

«Ηρέμησε, αγάπη μου!»

«Δεν μπορώ να ηρεμήσω. Πάω να σκάσω!»

Όλες μου οι προσευχές είχαν πάει στράφι. Βρισκόμαστε κολλημένες σε μια ατέλειωτη ουρά αυτοκινήτων, που σάλευε απελπιστικά αργά.

Τράβηξα απότομα τη μάλια και το καλσόν από την τσάντα μου. «Θ' αλλάξω ρούχα εδώ μέσα, μαμά».

«Θα δει ο κόσμος το βρακί σου», είπε ο Στήβι χασκογελώντας.

«Στήβι, μη λες ανοησίες! Κι εσύ, Πόπι, ηρέμησε. Θα μπω εγώ στην τάξη και θα εξηγήσω στη μις Κοραλί...»

«Όχι! Απαγορεύεται να μπαίνουν μέσα γονείς. Όχι, μαμά. Δεν γίνεται».

Έβγαλα τη σχολική φούστα μου και κατάφερα να φορέσω το καλσόν μου, χωρίς να χρειαστεί να βγάλω τη ζώνη ασφαλείας για περισσότερο από δέκα δευτερόλεπτα.

«Πλάκα θα 'χει, ν' ακούσουμε τώρα και καμιά σειρήνα περιπολικού! Το φαντάζεστε;» είπε ο Στήβι. Κι αμέσως βάλθηκε να κάνει με το στόμα του τον ήχο της σειρήνας, μέχρις ότου φόρεσα τη μάλια μου.

«Επιτέλους, Στήβι. Κάτσε φρόνιμος! Δεν μπορώ να οδηγήσω μ' όλη αυτή τη φασαρία».

Ένιωσα λίγο καλύτερα, μια και δεν απόμενε πια παρά να φτιάξω τα μαλλιά μου, αλλά είχα ακόμα ταχυκαρδία, γιατί πηγαίναμε πολύ αργά.

Η μαμά έκανε διαρκώς «τς, τς, τς» κι έβγαζε το κεφάλι της έξω από το παράθυρο του αυτοκινήτου.

«Δεν τα βλέπω και πολύ καλά τα πράγματα».

«Τι; Τι είπες;» Μου 'ρθε να βάλω τα κλάματα. Έριξα μια ματιά στο μπροστινό ρολόι. Έδειχνε τέσσερις και είκοσι πέντε και το μάθημα άρχιζε στις τέσσερις και μισή.

«Άκουσε, Πόπι. Δεν μπορούμε να κάνουμε τίποτα. Γι' αυτό, σταμάτα να τρελαίνεσαι».

Εγώ, όμως, δεν μπορούσα να σταματήσω. Ήμουν ήδη τρελαμένη. Και ψαχούλευα με μανία την τσάντα μου, για να βρω την κορδέλα για τα μαλλιά μου. Δεν βρισκόταν εκεί.

«Αχ, όχι! Ξέχασα την κορδέλα μου. Τι θα κάνω τώρα;» Εκείνη τη στιγμή, δεν άντεξα άλλο και ξέσπασα σε κλάματα.

Το ρολόι έδειχνε τέσσερις και είκοσι οκτώ και το αμάξι μας δεν κουνιόταν από τη θέση του.

«Γιατί δεν ανάβει πράσινο;» ρώτησα τη μητέρα μου, μέσα από τα δάκρυά μου.

«Πολύ φοβάμαι, αγάπη μου, ότι έχει ήδη ανάψει», είπε η μητέρα μου μ' έναν βαθύ αναστεναγμό. «Έχει, όμως, τόσο πολύ κίνηση. Κι αυτό, επειδή ξεκινήσαμε μ' αυτή την ελάχιστη καθυστέρηση».

Γύρισε προς το μέρος μου και μου έριξε ένα θλιμμένο χαμόγελο. «Δεν φτιάχνεις τον κότσο σου, γλυκιά μου; Έχεις αρκετά τσιμπιδάκια, έτσι δεν είναι;»

Της έγνεψα καταφατικά, με δυστυχισμένο ύφος, κι άρχισα να κάνω αυτό που μου είπε.

«Κοιτάξτε! Αρχίσαμε να προχωράμε», είπε ο Στήβι.

Ανασηκώθηκα στο κάθισμά μου για να δω, αλλά όλο κι όλο που μετακινηθήκαμε ήταν κάνα δυο μέτρα.

Όταν, μάλιστα, κοίταξα το ρολόι, βγήκα εκτός εαυτού κι άρχισα να φωνάζω και να κλαίω συγχρόνως.

«Είναι και μισή. Τώρα πια, σίγουρα θα καθυστερήσω. Κι όλοι θα κοιτάζουν εμένα και δεν έχω ούτε κορδέλα για τα μαλλιά κι αυτό θα τους κάνει να με κοιτάζουν ακόμα περισσότερο... Δεν θέλω να πάω. Δεν ωφελεί. Πάμε καλύτερα σπίτι».

«Όχι, τώρα προχωράμε στ' αλήθεια!» είπε ο Στήβι. «Να, κοίτα! Άναψε πράσινο! Έλα, μαμά! Πέρνα το, στα γρήγορα».

Μερικά δευτερόλεπτα αργότερα βρισκόμαστε στη Χάι Στριτ, αλλά και πάλι σερνόμαστε κατά μήκος του δρόμου.

«Βάζω στοίχημα ότι η Πόπι μπορεί να τρέξει πιο γρήγορα απ' ό,τι το αυτοκίνητο», είπε ο Στήβι.

Ξεκούμπωσα τη ζώνη ασφαλείας. «Συμφωνώ. Μαμά! Μ' αφήνεις;»

«Όχι. Είναι πολύ μακριά για να πας μόνη. Σ' ένα λεπτό θα είμαστε εκεί».

«Αχ, μαμά... *Σε παρακαλώ* πολύ. Θα μπορείς να με παρακολουθείς σ' όλη τη διαδρομή. Θ' αφήσω την τσάντα μου στο αμάξι και θα πάρω μόνο τα παπούτσια του μπαλέτου. *Σε ικετεύω!*»

Είχαμε σταματήσει για μια ακόμη φορά, και πιστεύω πως αυτός ήταν ο λόγος που έκανε τη μαμά να συμφωνήσει.

«Άντε, πήγαινε. Θα συναντηθούμε στο τέλος του μαθήματος. Στο καλό, γλυκιά μου».

Πετάχτηκα σαν αστραπή από τ' αυτοκίνητο κι έτρεξα τόσο γρήγορα, όσο δεν είχα τρέξει ποτέ στη ζωή μου, νιώθοντας ανόητη που φορούσα τη στολή μπαλέτου με τα σχολικά μου παπούτσια, στη μέση ενός τόσο πολυσύχναστου δρόμου.

Μόλις έφτασα στη βαριά πόρτα, έπεσα επάνω της μ' όλο μου το βάρος και αυτή άνοιξε τόσο εύκολα, που έπεσα κάτω από τη μέσα μεριά. Πόνεσα λίγο, αλλά σηκώθηκα αμέσως και συνέχισα ν' ανεβαίνω τρέχοντας τα σκαλιά. Όταν έφτασα στην κορυφή, ήμουν εντελώς λαχανιασμένη.

Άκουσα τη μουσική για τα *πλιέ,* που σήμαινε ότι είχα χάσει μονάχα το πρώτο μέρος.

Φόρεσα στα γρήγορα τα παπούτσια του μπαλέτου μου και πρόσεξα ότι πάνω στο καλσόν μου υπήρχε ένας μεγάλος, μαύρος λεκές. Θα πρέπει να έγινε την ώρα που έπεσα κάτω.

Ξεροκατάπια κι άρχισα να τον τρίβω για να φύγει, αλλά το μόνο που κατάφερα ήταν να μουντζουρώσω το ύφασμα ακόμα περισσότερο, γι' αυτό τον παράτησα, πέταξα τα παπούτσια μου στα αποδυτήρια κι ύστερα στάθηκα έξω από την Αίθουσα Νούμερο Ένα, με τα πόδια καρφωμένα στο πάτωμα.

Μια φωνούλα μέσα στο κεφάλι μου, έλεγε: «Δεν γίνεται να μπεις μ' αυτή την εμφάνιση, Πόπι».

Όμως, μια άλλη, αγριωπή φωνή, με πρόσταζε: *«Πόπι! Μπες αμέσως μέσα».*

Πριν προλάβω ν' αλλάξω γνώμη, πίεσα τους αντίχειρές μου μεταξύ τους, πήρα μια βαθιά ανάσα κι άνοιξα σπρώχνοντας την πόρτα.

Δεν κοίταξα κανέναν. Είπα μόνο, «Συγγνώμη που άργησα», με τσιριχτή φωνή και κατευθύνθηκα προς την Τζασμίν. Τα μάτια της ήταν γεμάτα ερωτηματικά την ώρα που πήγαινε κοντά στην Ίμυ Πίρσον, για να μου κάνει χώρο. Ήξερα ότι όλες με παρατηρούσαν κι έτσι δεν μπορούσα να πω οτιδήποτε – και εν πάση περιπτώσει, η μις Κοραλί ήθελε να συνεχίσει το μάθημα.

«Battements tendus... Έτοιμες... και...»

Βλέποντας την εμφάνισή μου σ' έναν από τους καθρέφτες, ευχήθηκα να μπορούσα να εξαφανιστώ από τον κόσμο. Ήμουν εντελώς χάλια. Το πρόσωπό μου ήταν κόκκινο σαν παντζάρι – φαινόταν ολοφάνερα πως είχα κλάψει και ο κότσος μου έδειχνε ετοιμόρροπος. Επιπλέον, υπήρχε κι εκείνος ο απαίσιος μαύρος λεκές πάνω στο καλσόν μου.

Η μις Κοραλί κρατούσε τον ρυθμό με τη «φωνή που δεν αστειεύεται», περπατώντας κατά μήκος της γραμμής με εντελώς ίσια πλάτη και άκαμπτο πρόσωπο. Μόλις με πλησίασε, μου σήκωσε ψηλά το χέρι. «Δεν φοράς κορδέλα, Πόπι;»

«Φύγαμε απ' το σπίτι πολύ βιαστικά», ψιθύρισα, προσπαθώντας να διατηρήσω τις *πουέντ* μου και τα πόδια στραμμένα προς τα έξω.

«Χμμμ...»

Προχώρησε προς την Τζασμίν κι έπειτα προς τη Λότι, μετρώντας συνεχώς, με πιο δυνατή φωνή απ' ό,τι συνήθως. Η καρδιά μου χτυπούσε ακόμα από το τρέξιμο, τώρα όμως χτυπούσε δυνατά και από το τρακ. Δεν συνήλθα, παρά μόνο αφού είχαμε κάνει τις μισές ασκήσεις της μπάρας. Έριξα μια γρήγορη ματιά γύρω μου και είδα ότι, ευτυχώς, καμιά δεν με κοίταζε πια. Από 'δώ και στο εξής, θα αυτοσυγκεντρωνόμουν και δεν θα επέτρεπα σε τίποτα να με ταράξει. Ειδικά στη Ρόουζ Μπέντφορντ.

Ξαφνικά συνειδητοποίησα ότι μέχρι εκείνη τη στιγμή είχα ξεχάσει εντελώς τη Ρόουζ. Βρισκόταν στην απέναντι μπάρα, με τα μαλλιά λυτά και μπερδεμένα, την κορδέλα να πιέζει τα φρύδια της προς τα κάτω και τη φόρμα του χορού να πέφτει φαρδιά, γεμάτη σούρες, πάνω στην κοιλιά της. Υπήρχε ωστόσο *κάτι* διαφορετικό επάνω της, μόνο που δεν μπορούσα να καταλάβω τι ακριβώς ήταν αυτό...

«Και *ένα* – και *κλείστε* – και *δύο* – και *κλείστε* – *πίσω* και *κλείστε* – και *δύο* και *κλείστε...»*, έλεγε η μις Κοραλί, περπατώντας αργά γύρω γύρω, παρατηρώντας μας μία μία με το αετίσιο μάτι της. «Και *ένα* και *δύο, χρησιμοποιήστε κεφάλι, σταθερά τα πόδια, ισιώστε τα γόνατα»*.

Η μουσική τελείωσε, αλλά η μις Κοραλί ήθελε να επαναλάβουμε ολόκληρη την άσκηση από την αρχή.

«Μερικές από εσάς, κρατιέστε απ' την μπάρα πολύ σφιχτά», είπε. «Ελάτε ένα βήμα πιο έξω, κι ας προσπαθήσουμε να το κάνουμε, χωρίς να στηριζόμαστε καθόλου».

Έριξα μια ματιά στη Ρόουζ. Είχε κάνει ήδη ένα βήμα μακριά από την μπάρα και είχε προετοιμάσει τα χέρια της, κι όλα τα σχετικά. Ήταν πολύ παράξενο. Αν σκεφτεί κανείς ότι μισούσε το μπαλέτο, προσπαθούσε πάρα πολύ σκληρά.

Κι αυτό μ' έκανε να θυμηθώ τι ωραίο κότσο είχε φτιάξει τα μαλλιά της στο σχολείο, παρόλο που ήξερε ότι τ' αγόρια θα την κορόιδευαν. Δεν μπορούσα να την καταλάβω τη Ρόουζ. Ήταν πολύ μυστήριο κορίτσι.

«Συγκεντρώσου, Πόπι!» άκουσα τη φωνή της μις Κοραλί, και τότε συνειδητοποίησα ότι ονειρευόμουν ξύπνια.

Αμέσως τα έβαλα με τον εαυτό μου.

«Ηλίθιο πλάσμα, Πόπι!»

Κι αμέσως υποσχέθηκα ότι από εδώ και στο εξής θα 'βαζα δυο φορές περισσότερο τα δυνατά μου, για το παραμικρό λεπτό του υπόλοιπου μαθήματος.

Την ώρα του *ronds de jambe,* η μις Κοραλί χτύπησε ελαφρά τον κρόταφό της και είπε: «Πολύ καλά, Πόπι».

Μου 'ρχόταν ν' αρχίσω να χοροπηδάω γύρω γύρω στην αίθουσα, φωνάζοντας «Γιούπιιιι!» Κατάφερα, όμως, να παραμείνω εντελώς ακίνητη, σαν να μην την είχα ακούσει καν.

Ύστερα, ήρθε η ώρα για τις ασκήσεις στο κέντρο.

«Λοιπόν, ας σχηματίσουμε τις ίδιες γραμμές που είχαμε και την περασμένη βδομάδα, ελάτε όμως όλες μια σειρά πιο μπροστά και η σειρά που ήταν μπροστά την περασμένη βδομάδα, να πάει πίσω».

«Συγγνώμη, μις Κοραλί;» ακούστηκε η φωνή της Ρόουζ. Όλες γύρισαν και την κοίταξαν γιατί είναι πολύ ασυνήθιστο ν' ακούσεις άλλη φωνή από της μις Κοραλί κατά τη διάρκεια του μαθήματος. «Μπορώ ν' αλλάξω γραμμή;»

Η μις Κοραλί έδειξε μπερδεμένη. «Ν' αλλάξεις γραμμή; Γιατί;»

«Εμ... αναρωτιόμουν μήπως γινόταν να πάω στην τελευταία σειρά σήμερα».

«Για ποιο λόγο;»

«Για να βλέπω καλύτερα, μια και θα υπάρχουν περισσότερα κορίτσια μπροστά μου».

Όλες περιμέναμε ν' ακούσουμε τι θα έλεγε η μις Κοραλί.

«Αν σε βάλω στην πίσω σειρά, Ρόουζ, θα τα κάνω θάλασσα με τους αριθμούς...»

«Θα μπορούσα ν' αλλάξω θέση με κάποια άλλη».

Το πρόσωπο της μις Κοραλί καλύφθηκε από μια μάσκα θυμού, επειδή η Ρόουζ διαφωνούσε.

«Μείνε εκεί που ήσουνα και την περασμένη εβδομάδα, δίπλα στην Πόπι. Ευχαριστώ, Ρόουζ».

Έτσι, η Ρόουζ παρέμεινε δίπλα μου, αλλά δεν φαινόταν και πολύ ευχαριστημένη. Δεν απόρησα για ποιο λόγο. Εδώ που τα λέμε, δεν ήμουνα και πολύ φιλική απέναντί της, στο σχολείο.

Όταν κάναμε το *port de bras,* η μις Κοραλί αναγκάστηκε να πει στη Ρόουζ να σταματήσει να στριμώχνει τη Σόφι, η οποία βρισκόταν από την άλλη μεριά, και να σταθεί λίγο πιο κοντά σε μένα. Άρχισα ν' αναρωτιέμαι μήπως βρομούσα, ή τίποτα τέτοιο, διαφορετικά τη Ρόουζ δεν θα την πείραζε και τόσο να βρίσκεται δίπλα μου.

Άκουσα άλλο ένα «Θαυμάσια» από τη μις Κοραλί για το *port de bras* μου, πράγμα που μ' έκανε να θέλω ξανά να φωνάξω *«Γιούπιιιι»,* αλλά και πάλι δεν άφησα να φανεί τίποτα. Όταν μάλιστα σκέφτηκα, *«Και πού να δείτε τι καλά που κάνω τα βήματα!»* η καρδιά μου άρχισε να βροντάει από ενθουσιασμό.

Μετά το *adage* δουλέψαμε διάφορους ρυθμούς και, στη διάρκεια αυτού του μέρους του μαθήματος, η μις Κοραλί αναγκάστηκε πάλι να πει στη Ρόουζ να πάει πιο πέρα, γιατί πηδούσε πάνω, σχεδόν, στα δάχτυλα της Σόφι. Έπειτα, κάναμε τα συνηθισμένα βήματα, μέχρις ότου είδα στο ρολόι του τοίχου ότι δεν είχε μείνει και πολύς χρόνος.

Ευχήθηκα να τελειώνουμε στα γρήγορα, για να προλάβω να κάνω τον χορό και τα βήματα, στα οποία είχα εξασκηθεί.

«Και τώρα...», είπε η μις Κοραλί, «... για αλλαγή, αυτή τη βδομάδα δεν θα "χτενίσουμε" τα βήματα του προηγούμενου μαθήματος. Αντί γι' αυτό, θα σας δείξω μια εντελώς καινούρια σειρά βημάτων, γιατί πιστεύω ότι εδώ χρειάζεται να εξασκηθούμε περισσότερο να μαθαίνουμε γρήγορα τα βήματα».

Η καρδιά μου βούλιαξε στα Τάρταρα, ενώ η Τζασμίν γύρισε προς το μέρος μου και μου έριξε ένα ανήσυχο βλέμμα.

Παραλίγο να φωνάξω, *«Σας παρακαλώ! Δεν κάνουμε πρώτα αυτά που μάθαμε την περασμέ-*

νη βδομάδα;» κατάφερα όμως να σταματήσω εγκαίρως. Αν προσπαθούσα ν' ανακατευτώ στα σχέδιά της, η μις Κοραλί μάλλον δεν θα ενθουσιαζόταν...

Η καινούρια σειρά βημάτων, έμοιαζε ακόμα πιο περίπλοκη από εκείνη της περασμένης βδομάδας. Την ώρα που μας την έδειχνε η μις Κοραλί, τα μάτια μου άρχισαν να τσούζουν από την προσπάθειά μου να προσηλωθώ στα πόδια της, προσπαθώντας να θυμάμαι πότε θα έπρεπε να βρίσκεται μπροστά το αριστερό και πότε το δεξί, πότε να κοιτάζω προς την αριστερή γωνία και πότε προς τη δεξιά.

«Για κάνε τα κι εσύ, Ρόουζ!» είπε η μις Κοραλί, με φωνή ελαφρά απορημένη.

Τη στιγμή εκείνη, πρόσεξα ότι η Ρόουζ στεκόταν εντελώς ακίνητη, κοιτάζοντας κατευθείαν μπροστά, σαν να βρισκόταν σε έκσταση.

«Ευχαριστώ πολύ. Τα έχω καταλάβει», είπε ευγενικά.

Ωστόσο, η μις Κοραλί δεν φαίνεται να βρήκε τον τρόπο της και πολύ ευγενικό. Από το ύφος της, θα νόμιζε κανείς ότι η Ρόουζ την είχε βρίσει.

Η φωνή της ακούστηκε πιο δυνατή απ' ό,τι συνήθως: «Δεν σε ρώτησα αν τα κατάλαβες. *Σου είπα να τα επαναλάβεις*».

Η Ρόουζ, παρόλο που όλες την κοίταζαν περίεργα, δεν κοκκίνισε. Απλώς, άρχισε να κάνει αυτό που της ζήτησαν.

Ένα λεπτό αργότερα, η μις Κοραλί χτύπησε τα χέρια της εκνευρισμένη. Δίχως άλλο, η Ρόουζ τής είχε χαλάσει τη διάθεση.

«Ωραία. Ας δοκιμάσουμε, τώρα, μια γραμμή κάθε φορά. Πρώτα, η μπροστινή σειρά».

Παρακολουθούσα την Τζασμίν με μεγάλη προσοχή, ενώ το μυαλό μου αγωνιζόταν να συγκρατήσει τα πάντα.

«Καλή προσπάθεια η μπροστινή σειρά. Η δεύτερη σειρά, παρακαλώ».

Αυτό ήταν. Πήρα μια βαθιά ανάσα κι ετοιμάστηκα να αυτοσυγκεντρωθώ.

«Και...»

Προσπάθησα όσο περισσότερο μπορούσα, αλλά ήμουν το ίδιο χάλια με την περασμένη βδομάδα. Όλα πήγαιναν τόσο στραβά, που μου ερχόταν να βάλω τα κλάματα.

Φάγαμε άλλα πέντε λεπτά, προσπαθώντας να βελτιώσουμε τα βήματα και μετά η μις Κοραλί είπε ότι δεν είχαμε χρόνο για ν' αρχίσουμε να μαθαίνουμε τον χορό.

«Δεν πειράζει, κορίτσια, θα τον ξεκινήσουμε την ερχόμενη βδομάδα. Ας κάνουμε υπόκλιση για φινάλε».

Ευχήθηκα ν' ανοίξει το πάτωμα να με καταπιεί και να εξαφανιστώ από το πρόσωπο της γης, μια για πάντα. Τώρα πια, και η τελευταία μου ελπίδα είχε πετάξει. Είχε πετάξει για τα καλά.

10 Επτέλους Φίλες

Μετά την υπόκλιση, η Τζασμίν με κοίταξε και ανασήκωσε τα φρύδια της. Αυτός ήταν ο τρόπος της να μου πει: «*Περίμενε να φύγουν όλοι, για να μπορέσουμε να μιλήσουμε στη μις Κοραλί*».

Έκανα μια ανεπαίσθητη αρνητική κίνηση με το κεφάλι μου.

«Γιατί όχι;» μου σφύριξε.

«Δεν υπάρχει λόγος», της ψιθύρισα στο αφτί.

«Ναι, αλλά τι θα γίνει με τον χορό...;»

Ήμουν τόσο στενοχωρημένη, που έγνεψα και πάλι αρνητικά και κίνησα να βγω από την αίθουσα.

Όλες οι άλλες μαθήτριες είχαν φύγει και μόνο η Ρόουζ είχε απομείνει, να βυθίζει το πόδι της στον δίσκο με το ρετσίνι που βουτάμε τα παπούτσια για να μη γλιστράνε, στο πίσω μέρος του δωματίου. Αν την έβλεπε η μις Κοραλί θα θύμωνε πολύ, γιατί δεν επιτρέπεται ν' αγγίζεις τον δίσκο με το ρετσίνι. Προορίζεται για τις μεγαλύτερες μαθήτριες, για να μη γλιστράνε τα παπούτσια τους όταν στέκονται στις μύτες.

«Μου επιτρέπετε, μις Κοραλί;» είπε η Τζασμίν.

Ένιωσα μεγάλη ταραχή, γιατί κατάλαβα ότι ήθελε να πει κάτι σχετικά με μένα, και ήμουν βέβαιη ότι η μις Κοραλί δεν θα είχε τον χρόνο να την ακούσει. Είχε ζαρώσει το μέτωπο και δοκίμαζε μια κίνηση με τα χέρια.

«Λέγε, Τζασμίν».

Η Τζασμίν έβαλε τα δυνατά της να μιλήσει όσο πιο ευγενικά μπορούσε: «Σκεφτόμουν, αν θα ήταν δυνατόν, να δείτε την Πόπι να εκτελεί τον χορό».

Ένιωσα να κοκκινίζω.

«Φοβάμαι ότι δεν έχω χρόνο, Τζασμίν. Σ' ένα λεπτό ξεκινάω μάθημα με την επόμενη τάξη». Δεν την άκουγε καν.

Άνοιξα την πόρτα, γιατί ήθελα να απομακρυνθώ πριν αρχίσουν να κυλάνε στο πρόσωπό μου δάκρυα, που θα μ' έφερναν σε δύσκολη θέση.

Και τότε, συνέβη κάτι απίστευτο. Η Ρόουζ όρμησε ξαφνικά προς τη μεριά της μις Κοραλί, μιλώντας ακαταλαβίστικα:

«*Εγώ* φταίω που η Πόπι δεν μπόρεσε να βάλει τα δυνατά της την περασμένη βδομάδα. Βλέπετε, την μπέρδεψα γιατί στεκόμουν δίπλα της και της ζητούσα να με βοηθήσει».

Κοίταζα τη Ρόουζ μ' ανοιχτό το στόμα. Η μις Κοραλί σταμάτησε την άσκησή της και την κοίταξε ελαφρώς σοκαρισμένη.

«Μου το είπε ο αδερφός της, στο προαύλιο του σχολείου. Είπε ότι κρυφάκουγε στην πόρτα του υπνοδωματίου της Πόπι και την άκουσε να μιλάει στην Τζασμίν».

Τώρα, η μις Κοραλί φαινόταν εντελώς μπερδεμένη. «Τι είναι αυτά που λες, Ρόουζ;»

«Σας εξηγώ για ποιον λόγο προσπάθησα να κρατηθώ μακριά από την Πόπι και να μην κάνω τίποτα που θα την μπέρδευε, όπως την περασμένη φορά». Ξαφνικά, η Ρόουζ γύρισε και με κοίταξε. «Μέχρι που έφτιαξα τα μαλλιά μου κότσο στο σχολείο, για να σου δείξω ότι σκόπευα να φερθώ σαν κανονική μαθήτρια μπαλέτου... Μόνο που τότε, τ' αγόρια μ' έκαναν να θυμώσω τόσο πολύ, που αναγκάστηκα να τα χαλάσω...»

Ξαφνικά, πετάχτηκε η Τζασμίν: «Τελικά, μις Κοραλί, μπορεί να σας δείξει τον χορό η Πόπι; Σας παρακαλώ...»

Η μις Κοραλί είχε ένα ύφος σαν να μην καταλάβαινε τι στην ευχή συνέβαινε.

«Πρέπει να την δείτε», είπε ξαφνικά η Ρόουζ. «Είναι σούπερ!»

Η μις Κοραλί συνοφρυώθηκε. «Για ποιο χορό μιλάτε;»

«Εκείνον που είχατε αρχίσει να μαθαίνετε στα κορίτσια που θα πάρουν μέρος στον διαγωνισμό», είπε η Ρόουζ. «Εμπρός, Πόπι! Δείξε της».

Δεν καταλάβαινα πώς ήξερε η Ρόουζ ότι είχα μάθει τον χορό. Μπορούσε να διαβάζει τη σκέψη;

«Έχεις μάθει τον χορό του διαγωνισμού;» ρώτησε η μις Κοραλί, το ίδιο σαστισμένη με μένα.

«Μου τον έδειξε η Τζασμίν», απάντησα ήρεμα.

«Εμπρός!» είπε η Ρόουζ, σαν να ήταν η μαμά μου. «Κάν' το όπως ακριβώς το έκανες στα αποδυτήρια».

«Με... *είδες;»*

Χαμογελούσε.

«Ναι. Ήμουν κρυμμένη στην τουαλέτα και σε έβλεπα από τη χαραμάδα της πόρτας. Έμοιαζες με πραγματική μπαλαρίνα. *Εμπρός!»*

Η μις Κοραλί χτύπησε το χέρι της και φάνηκε ελαφρά εκνευρισμένη με τη Ρόουζ. Τα μάτια της είχαν στραφεί επάνω μου.

«Θες να πεις ότι έχεις μάθει ολόκληρο τον χορό του διαγωνισμού απ' την αρχή ως το τέλος;»

Έγνεψα καταφατικά.

Έριξε μια ατέλειωτη ματιά στο ρολόι της, λες κι ήταν χαλασμένο, κι έπειτα ξαφνικά είπε: «Πολύ καλά. Κάνε όμως πολύ γρήγορα».

Έκανε ένα κοφτό νεύμα στην κυρία Μάρσντεν και γύρισε ξανά σε μένα. «Σου μετράω για να μπεις, Πόπι».

Η κυρία Μάρσντεν έπαιξε την εισαγωγή. Η μουσική με ξάφνιασε, γιατί δεν την είχα ξανακούσει και δεν είχα φανταστεί ότι θα ήταν τόσο ωραία. Έκανε το δωμάτιο να μοιάζει με θεατρική σκηνή, γεμάτη φώτα που χόρευαν και λαμπύριζαν.

«Και *ένα,* και *δύο,* και *τρία,* και *τέσσερα...*»

Αισθανόμουν υπέροχα, γιατί δεν χρειαζόταν πια να συγκεντρώνομαι στο μέτρημα.

Στην πραγματικότητα δεν χρειαζόταν να συγκεντρώνομαι σε τίποτα. Η μουσική ήταν εκείνη που έκανε τα πάντα. Εγώ απλώς χόρευα – μόνο χόρευα...

Μόλις πήρα την τελευταία στάση, η Ρόουζ άρχισε να χειροκροτεί και να ζητωκραυγάζει. Δεν τολμούσα ν' αντικρίσω τη μις Κοραλί, όταν όμως την κοίταξα είδα ότι ενώ η ματιά της έλαμπε, ήταν, συγχρόνως, συννεφιασμένη.

«Θαυμάσια, Πόπι», είπε αργά. «Θαυμάσια. Ειλικρινά, δεν ήξερα ότι είχες τόσο ταλέντο!»

«Ώστε, τελικά, μπορεί να πάρει μέρος στον διαγωνισμό;» ρώτησε η Ρόουζ, πέφτοντας στα γόνατα, μπροστά στη μις Κοραλί και ενώνοντας ικετευτικά τα χέρια της.

Η κυρία Μάρσντεν δεν μπόρεσε να συγκρατήσει ένα γελάκι και πρόσεξα ότι οι άκρες των χειλιών της μις Κοραλί τραβήχτηκαν προς τα επάνω.

Ξαφνικά, όμως, φάνηκε ανήσυχη και μίλησε βιαστικά:

«Κυρία Μάρσντεν, έχετε ήδη ταχυδρομήσει την αίτηση;»

Με την άκρη του ματιού μου, είδα τους ώμους της Τζασμίν να ανασηκώνονται και την άκουσα ν' αναστενάζει. Θα πρέπει να έκανε ακριβώς την ίδια σκέψη με μένα. Τώρα που η μις Κοραλί πίστευε ότι ήμουν αρκετά καλή, θα ήταν τραγικό να είναι πολύ αργά.

Η κυρία Μάρσντεν έσκυψε προς την τσάντα της και έβγαλε έναν καφέ φάκελο. Την ίδια στιγμή, μια κόλα χαρτιού πέταξε έξω και προσγειώθηκε στα πόδια μου. Δεν το κοίταξα, γιατί είχα το νου μου στην κυρία Μάρσντεν. Ανασηκώθηκε, κούνησε τον φάκελο μπροστά από τη μύτη μας, γέλασε και είπε: «Τυχερή είσαι! Ξέχασα να ταχυδρομήσω το γράμμα το μεσημέρι!»

«Ευτυχώς!» είπε η μις Κοραλί, παίρνοντας τον φάκελο από την κυρία Μάρσντεν και σκίζοντάς τον με το δάχτυλο. «Θα βάλω μέσα και το δικό σου όνομα, Πόπι».

«Αχ! Σας ευχαριστώ!» φώναξα. Ή, τουλάχιστον, αυτό προσπάθησα να πω, αλλά το στόμα μου ήταν και πάλι εντελώς στεγνό, έτσι το μόνο που ακούστηκε ήταν ένα κρώξιμο.

Και τότε, το βλέμμα μου έπεσε τυχαία προς τα κάτω, και είδα τι ήταν γραμμένο πάνω στο χαρτί που είχε πεταχτεί από την τσάντα της κυρίας Μάρσντεν. Ήταν η λίστα με τα ονόματα, που η μις Κοραλί είχε ανακοινώσει την περασμένη βδομάδα – τα κορίτσια που είχε επιλέξει για τον διαγωνισμό. Έσκυψα, το μάζεψα και καθώς το έδινα πίσω στην κυρία Μάρσντεν, το διάβασα αστραπιαία:

Λότι Κάρολ
Ίμυ Πίρσον
Τάμσιν Γουότερς

Σόφι Τζέιμς;
Ίζαμπελ Μπρουκς
Τζασμίν Έιντ
Πόπι Βέρνον;

Με το ζόρι κρατήθηκα να μη φωνάξω. Ώστε, τελικά, ήμουν στη λίστα. Το όνομά μου ήταν ένα απ' αυτά που είχαν ερωτηματικό. Θα το έλεγα αργότερα στην Τζασμίν. Αυτή τη στιγμή, όμως, το μόνο που μπορούσα να κάνω ήταν να χαμογελάω συνεχώς, καθώς όλη μου η προηγούμενη λύπη ξεφούσκωνε και παραχωρούσε τη θέση της σ' έναν ανεμοστρόβιλο ευτυχίας.

Τελικά ήμουν καλή! Η μις Κοραλί θα με είχε επιλέξει, αν δεν είχα μπερδευτεί τόσο πολύ σ' εκείνο το μάθημα.

Η Τζασμίν με αγκάλιασε από τους ώμους και είπε: «Το 'ξερα, ότι μπορούσες να το κάνεις, Πόπι».

Τότε σηκώθηκε κι η Ρόουζ και με αγκάλιασε σφιχτά, κάνοντάς με να ξαφνιαστώ: «Κι εγώ το ίδιο», είπε δυνατά.

«Τυχερή είσαι, Πόπι, που έχεις δυο τόσο καλές φίλες!» είπε η κυρία Μάρσντεν.

Ήταν αστείο, γιατί μερικά λεπτά νωρίτερα, η Ρόουζ δεν θα πρέπει να αισθανόταν και πολύ φίλη μου. Τώρα, όμως, θα πρέπει να ένιωθε πραγματικά ότι ήταν.

«Δρόμο, τώρα!» είπε η μις Κοραλί, γνέφοντάς μας με τα χέρια, να εξαφανιστούμε. «Έχω και άλλη τάξη που περιμένει, ξέρετε...»

Πέντε λεπτά αργότερα, κατεβαίναμε παρέα τα σκαλιά.

«Μόλις τώρα συνειδητοποίησα κάτι», είπε η Ρόουζ.

«Τι πράγμα;»

«Και οι τρεις, έχουμε ονόματα λουλουδιών, Πόπι, Ρόουζ και Τζασμίν!*»

Η Τζασμίν κι εγώ, κοιταχτήκαμε με γελαστό βλέμμα. «Σκέφτεσαι αυτό που σκέφτομαι;» την ρώτησα.

«Το Βαλς των Λουλουδιών!» είπαμε με μια φωνή.

---

*Πράγματι, στα αγγλικά, τα τρία αυτά ονόματα αντιστοιχούν σε ονομασίες λουλουδιών: Poppy (Πόπι) σημαίνει παπαρούνα, Rose (Ρόουζ) τριαντάφυλλο και Jasmine (Τζασμίν) σημαίνει γιασεμί (Σ.τ.Μετ.)

Η Τζασμίν στράφηκε προς τη Ρόουζ: «Θέλεις να πάρεις μέρος στον χορό που ετοιμάσαμε, πάνω στο πιο αγαπημένο μουσικό κομμάτι της Πόπι;»

«Όχι! Το μόνο που θα κατάφερνα, θα ήταν να το καταστρέψω», είπε η Ρόουζ. «Είμαι τόσο απαίσια στο μπαλέτο... Μπορείτε όμως να με προσκαλέσετε, για να παρακολουθήσω εσάς τις δυο, να το χορεύετε».

«Και βέβαια! Πάμε, τώρα αμέσως, να το πούμε στη μαμά!» είπα.

«Και πες της και τα καταπληκτικά νέα σου», είπε η Τζασμίν, ρίχνοντας κάτω την τσάντα και υψώνοντας και τους δυο αντίχειρές της, από ευτυχία.

Χωρίς δεύτερη σκέψη, πίεσα τον αντίχειρά μου πάνω στον δικό της.

«Ε! Κι εγώ τι ρόλο παίζω;» είπε η Ρόουζ, τραβώντας μου απότομα τα σχολικά παπούτσια από το άλλο μου χέρι, για να μπορέσω να ενώσω τον αντίχειρά μου με τον δικό της.

Μετά, πίεσε τον άλλο της αντίχειρα πάνω στης Τζασμίν κι έτσι κάναμε ένα τριπλό «χέρι-χέρι».

Τα μάτια μου συναντήθηκαν με της Τζασμίν και ξεσπάσαμε σε γέλια.

Κατόπιν, η Ρόουζ απομακρύνθηκε και άρχισε να κατεβαίνει τρέχοντας τη στριφογυριστή σκάλα και να φωνάζει «Γιούπιιιι», όσο πιο δυνατά μπορούσε.

Η Τζασμίν κι εγώ, τρέξαμε πίσω της γελώντας τόσο δυνατά, που για πρώτη φορά στη ζωή μου δεν άκουγα τον αντίλαλο που έκαναν τα βήματά μας στη σκάλα.

Βασικές «Positions» στο Μπαλέτο

Πρώτη position

Δεύτερη position

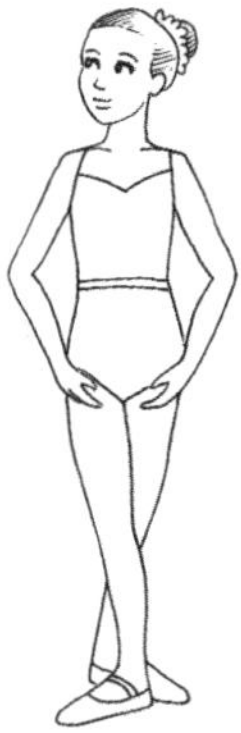

Τρίτη position

Τέταρτη position

Πέμπτη position

Οι λέξεις που χρησιμοποιούμε στο μπαλέτο, είναι κυρίως γαλλικές, κι αυτό τούς δίνει μια ιδιαίτερη γοητεία. Όταν, όμως, κάποιος είναι μαθητής, καλό είναι να γνωρίζει και την ακριβή τους έννοια. Οι λέξεις που ακολουθούν, είναι μερικές από εκείνες που όλες οι μαθήτριες της μις Κοραλί (και όχι μόνο!) οφείλουν να γνωρίζουν:

adage *(ή και adagio, στα ιταλικά): Η ονομασία για τα αργά βήματα στο κέντρο της αίθουσας, μακριά από την μπάρα.*

arabesque: *Το να ισορροπεί κανείς όμορφα, πάνω στο ένα μονάχα πόδι.*

assemblé: *Πήδημα, που στο τέλος του, τα πόδια ενώνονται.*

battement dégagé: *Άσκηση για τα πόδια, στην μπάρα, για να μάθεις να στέκεσαι καλά στις μύτες των ποδιών σου.*

battement tendu: *Άλλη μια άσκηση των ποδιών, κατά την οποία πρέπει να τεντώσεις το πόδι σου, μέχρις ότου είναι εντελώς ίσιο.*

chassé: *Το απαλό γλίστρημα πάνω στα πόδια, σαν να κάνεις σκι.*

echappé: Αυτό δεν περιγράφεται με λόγια, πάντως είναι σαν να θέλει το ένα πόδι σου να το «σκάσει» από το άλλο!

πέμπτη position croisé: Όταν –για παράδειγμα– κοιτάζεις την αριστερή γωνία, με τα πόδια σου στην πέμπτη position, και έχεις μπροστά το δεξί σου πόδι.

fouetté: Αυτό το βήμα είναι τόσο γρήγορο, που τα πόδια σου σχεδόν δεν φαίνονται! Είναι το βήμα που σε προετοιμάζει για τις πιρουέτες.

grand battement: Μεγάλο λάκτισμα (κλοτσιά!)

jeté: Αναπήδηση (πηδηματάκι) με το οποίο «πέφτεις» στο αντίθετο πόδι. (Το αγαπημένο της Ρόουζ!)

pas de bourrée: Μικρά βηματάκια στο πλάι, σαν να είσαι ποντίκι.

pas de chat: Όταν πηδάς σαν γάτα, από το ένα πόδι στο άλλο.

plié: Αυτό, είναι το βήμα με το οποίο αρχίζουμε το μάθημα. Λυγίζουμε αργά τα γόνατά μας, βεβαιωνόμαστε ότι τα πόδια μας είναι στραμμένα εντελώς προς τα

έξω, με τις φτέρνες κολλημένες στο πάτωμα, και μένουμε εκεί όσο περισσότερη ώρα αντέχουμε.

port de bras: Κινήσεις των χεριών, που τις κάνει πολύ καλά η Πόπι.

révérence: Η υπόκλιση, στο τέλος του μαθήματος.

rond de jambe: Εδώ κάνεις έναν κύκλο με το πόδι σου.

sissonne: Βήμα «ψαλίδι».

sissonne en arrière (Sissonne προς τα πίσω): Βήμα ψαλίδι, προς τα πίσω. Είναι, στ' αλήθεια, πολύ δύσκολο!

sissonne en avant (Sissonne προς τα μπρος): Βήμα ψαλίδι, προς τα μπρος.

soubresaut: Αναπήδηση πάνω στα δύο πόδια, με τεντωμένες πολύ καλά τις μύτες τους στον αέρα.

temps levé: Κάνεις ένα βήμα, σηκώνεις σέρνοντας το άλλο πόδι και μετά πηδάς.

En dehors (στα αγγλικά turnout): Στέκεσαι με τα πόδια, τις πατούσες και τους γοφούς ανοιχτούς, έτσι ώστε να δείχνουν προς τα έξω και όχι προς τα μπρος. Αυτό είναι το πρώτο και πιο σημαντικό πράγμα που χρειάζεται να μάθει κανείς, όταν ξεκινάει μαθήματα μπαλέτου.

Θέλω να γίνω Μπαλαρίνα

Το τυχερό αστέρι της Τζασμίν

Η Τζασμίν έχει ταλέντο στον χορό και όνειρό της είναι να γίνει διάσημη μπαλαρίνα. Αναγκάζεται όμως να κρύβει τις φιλοδοξίες της από τον αυστηρό και απρόσιτο μπαμπά της. Εκείνος θέλει ν' αφήσει η Τζασμίν το μπαλέτο και να αφοσιωθεί στα μαθήματα του σχολείου.

Θα μπορέσει η Τζασμίν να κάνει τον πατέρα της ν' αλλάξει γνώμη, δίνοντας την καλύτερη παράσταση της ζωής της, στο τέλος του τριμήνου;